“十二五”普通高等教育汽车服务工程专业规划教材

（第二版）

汽车运行材料

Qiche Yunxing Cailiao

孙凤英　强添纲　主编

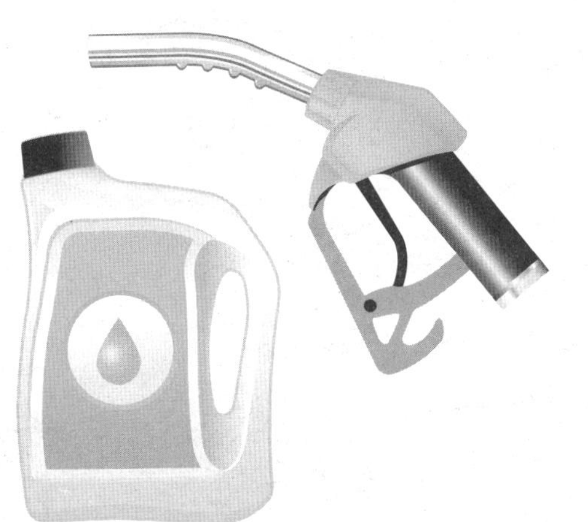

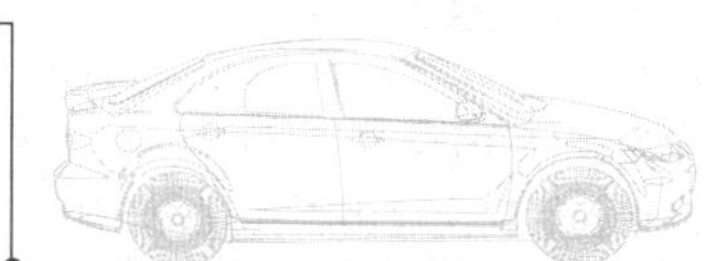

人民交通出版社
China Communications Press

内 容 提 要

本书主要阐述了石油的基本知识、汽车用汽油(含乙醇汽油)、普通柴油(含生物柴油)、发动机油、车辆齿轮油、自动变速器油、润滑脂、制动液、其他工作液和轮胎等,运行材料的分类、性能、规格及技术要求、质量评定、正确选用、合理使用和实验指导。本书是高等学校汽车服务工程专业和交通运输专业“十二五”规划教材,亦可供职业技术院校学生、技术工人及有关专业技术人员参考。

图书在版编目(CIP)数据

汽车运行材料 / 孙凤英,强添纲主编. —2 版. —北京 : 人民交通出版社, 2012.2

ISBN 978-7-114-09561-0

Ⅰ. ①汽… Ⅱ. ①孙… ②强… Ⅲ. ①汽车 – 运行材料 Ⅳ. ①U473

中国版本图书馆 CIP 数据核字(2011)第 270311 号

“十二五”普通高等教育汽车服务工程专业规划教材

书　　名: 汽车运行材料(第二版)
著 作 者: 孙凤英　强添纲
责任编辑: 智景安
出版发行: 人民交通出版社股份有限公司
地　　址: (100011) 北京市朝阳区安定门外外馆斜街 3 号
网　　址: http://www.ccpress.com.cn
销售电话: (010) 59757973
总 经 销: 人民交通出版社股份有限公司发行部
经　　销: 各地新华书店
印　　刷: 北京市密东印刷有限公司
开　　本: 787×1092　1/16
印　　张: 9
字　　数: 218 千
版　　次: 2007 年 9 月　第 1 版
2012 年 2 月　第 2 版
印　　次: 2017 年 12 月　第 2 版　第 4 次印刷　累计第 8 次印刷
书　　号: ISBN 978-7-114-09561-0
印　　数: 20001–22000 册
定　　价: 16.00 元

前言

Qianyan

汽车工业是国民经济发展的支柱产业，也是推动科学技术发展的龙头产业。随着汽车产业的快速发展，我国汽车的产销量迅速增加，已进入世界汽车产销量大国行列。汽车作为人们出行最便利的交通工具，人们对它的依赖性越来越大。近年来，汽车不仅作为生产和运输企业的交通工具，而且成为居民家庭的耐用消费品和代步工具。汽车消费主体日益多元化。

汽车产品是集机械、电子、计算机及化工技术于一体的产品，其运行条件和交通环境十分复杂。运用过程中，如何正确合理地使用，使汽车充分发挥性能，在满足用户要求的前提下，降低使用成本，提高可靠性和耐久性，保持汽车的技术状态良好，是近年来汽车后市场越发凸显的问题。在用汽车正确选用运行材料，是降低汽车燃料、轮胎等材料消耗的前提，是保障汽车正常工作，减少磨损和故障率，提高汽车使用寿命的关键。本书提供了汽车燃料、润滑材料、汽车的工作液和轮胎等的性能、规格及技术要求、质量评定和正确选用的知识与方法，为广大汽车用户提供技术支持。

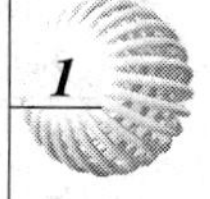

为满足社会对汽车运行材料知识和汽车服务行业从业人员的迫切需要，我们在“十一五”规划教材的基础上，重新修订了此书，作为汽车类专业和交通运输类专业“十二五”规划教材。

修订后的教材更加注重新知识、新方法的应用，加强了理论与实践的有机结合，补充和强化了相关知识和内容，修改和新增了部分实验指导，更加注意动手能力的培养。涉及近30个新修订的国家和行业标准的相关内容，全部引用了新标准；补充和细化了第一、二章部分内容；充实了第三章中柴油冷滤点的内容，增加了柴油氧化安定性的实验指导；第四章增加了电动汽车的内容，补充了电池及电池特性内容；增加了第十一章中轮胎运输、储存、选择、装配和拆卸、维护等内容。

本教材是根据汽车服务工程和交通运输专业教学指导委员会审定的汽车运行材料课程教材编写大纲而编写的。教材共分十一章，从基本理论和基础知识入手，主要阐述了汽车用汽油、乙醇汽油(E10)、普通柴油、生物柴油(B5)、发动机油、车辆齿轮油、自动变速器油、汽车润滑脂、制动液、其他工作液和轮胎等运行材料的分类、性能、规格及技术要求、质量评定、正确选用和实验指导。注重运行材料的分类、使用性能、技术要求及正确选用的方法，将正确运用汽车运行材料与交通安全、节能和人类的生存环境联系起来，全面贯彻执行国家"十二五"发展规划纲要精神和节能减排国策，力求把国家和行业新制定或新修订的内容融入教材，具有通俗、扼要、求新和实用等特点。

本教材由东北林业大学孙凤英教授、强添纲教授主编，编写分工为：吉林大学李彦琦（第一章）、东北林业大学孙凤英（第二、三、五章）、东北林业大学强添纲（第四章）、哈尔滨剑桥学院赵丽（第七、九章）、哈尔滨华德学院李长威（第八、十章）、哈尔滨旅游职业技术学院宋彦（第六、十一章）。

教材在编写过程中，参考了国家、行业相关标准以及有关技术文献资料，在此，对提供文献资料的同仁、朋友及文献资料的作者表示诚恳的感谢。

由于作者水平有限，汽车运行材料发展迅速，书中难免有不当之处，敬请读者朋友批评指正。

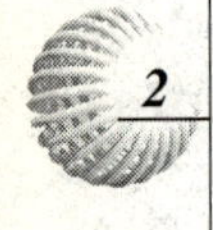

编　者

2012 年 1 月

目　录

Mulu

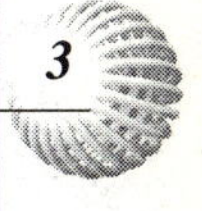

第一章　石油的基本知识

石油是古代一些被埋于地底的生物，在缺氧、高温和高压的条件下，经过复杂的化学变化后逐渐形成的产物。通常，石油蕴藏在从几十米到几千米深的地层下面，经过勘探，查明油层的范围、深度、厚度，并判断其蕴藏量具有开采价值后，就可以通过钻井将石油开采出来。刚开采出来未经加工的石油称为原油。

据有关报道，世界石油产量分布如图1-1所示。世界石油储量和产量绝大部分来自于中东、拉美和俄罗斯。其中，中东拥有全球油气资源39.6%的油和22.4%的气，拉美拥有17.7%的油和18.6%的气，俄罗斯拥有15.1%的油和32.7%的气。

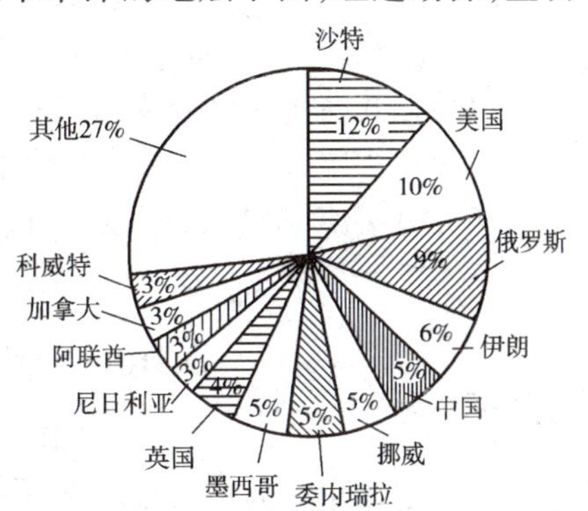

图1-1　世界石油产量分布图

由于石油产品的特殊功能，目前，石油在发动机燃料和化工原料方面还占据主要地位。随着我国国民经济的快速发展，石油的地位日益突出。石油和天然气不仅可提供燃料和润滑剂，还为人们生活提供了丰富、优质而又价廉的有机合成化学工业原料及其产品。

第一节　石油的化学组成

石油是一种黏稠的液体，通常是由红棕色到黑色，有的带绿色或蓝色的荧光，并有特殊的气味，密度一般都小于$1g/cm^3$（多为$0.80 \sim 0.98g/cm^3$）。但也有个别例外，如伊朗某些石油的密度高达$1.06g/cm^3$，美国某些石油密度低至$0.707g/cm^3$。

石油的化学成分比较复杂，它既不是由单一的元素组成，也不是由简单的化合物组成，它是各种碳氢化合物的混合物。按元素分析，石油中的主要组成元素是碳（C）和氢（H），其占95%～99.5%，其中碳元素占83%～87%，氢元素占11%～14%，其他少量的为氧（O）、硫（S）、氮（N）等元素，总共占0.5%～5%。此外，在石油中还发现有极微量的氯、碘、磷、砷、钠、钾、钙、铁、铜、镁、铝、钒等元素。

碳氢化合物常称为烃。按其结构不同，烃主要分为烷烃、环烷烃、芳香烃、不饱和烃4类。

一、烷烃

烷烃是链状饱和烃，分子结构呈链状，其分子式通式为C_nH_{2n+2}，n为碳原子数。碳原子数在 10 以内的，以甲、乙、丙、丁、戊、己、庚、辛、壬、癸命名，例如：甲烷、正辛烷，碳原子数在 10 以上的，用中文数字十一、十二、十三……命名。

$$\begin{array}{ccccc} & & H & & \\ & & | & & \\ H & — & C & — & H \\ & & | & & \\ & & H & & \end{array} \text{甲烷}(CH_4)$$

$$\begin{array}{ccccccccccccccccc} & & H & & H & & H & & H & & H & & H & & H & & H & \\ & & | & & | & & | & & | & & | & & | & & | & & | & \\ H & — & C & — & C & — & C & — & C & — & C & — & C & — & C & — & C & — & H \\ & & | & & | & & | & & | & & | & & | & & | & & | & \\ & & H & & H & & H & & H & & H & & H & & H & & H & \end{array} \quad \text{正辛烷}(C_8H_{18})$$

正辛烷也可用简化的结构式表示为：

$$CH_3—CH_2—CH_2—CH_2—CH_2—CH_2—CH_2—CH_3$$

烷烃按其结构又可分为正构烷烃和异构烷烃两类。凡是烷烃分子中的主碳链上没有碳支链的称正构烷烃，而有支链结构的称为异构烷烃。异构烷烃按其碳原子数命名为异“某”烷。例如异辛烷（分子式为 C_8H_{18}）。

$$\begin{array}{ccccccccccc} & & CH_3 & & & & & & & & \\ & & | & & & & & & & & \\ CH_3 & — & C & — & CH_2 & — & CH_2 & — & CH_2 & — & CH_3 \\ & & | & & & & & & & & | \\ & & CH_3 & & & & & & & & CH_3 \end{array} \quad \text{异辛烷}$$

但分子式相同的异辛烷有多种结构形式。为了区别，命名规则如下。

(1)甲基：烷烃分子去掉一个氢原子所剩下的部分称为烷基，写成 R－。

如：CH_4 是甲烷，CH_3－即为甲基；C_2H_6 是乙烷，C_2H_5－即为乙基。

(2)选择最长的碳链为主链，用主链的碳原子数来命名，称其为“某”烷。

(3)将主链中离烷基最近一端作为起点，把碳原子依次编号，以确定烷基的位置。

(4)用阿拉伯数字表示烷基的位置，中文数字表示烷基的数目，并写在“某”烷的前面。例如，3 种不同结构的异辛烷的命名是：

$$\begin{array}{ccccccccccccc} & & CH_3 & & & & & & & & & & \\ & & | & & & & & & & & & & \\ CH_3 & — & CH & — & CH_2 & — & CH_2 & — & CH_2 & — & CH_2 & — & CH_3 \end{array} \quad \text{异辛烷}$$

2-甲基庚烷

$$\begin{array}{ccccccccccc} & & CH_3 & & & & & & CH_3 & & \\ & & | & & & & & & | & & \\ CH_3 & — & CH & — & CH_2 & — & CH_2 & — & CH & — & CH_3 \end{array}$$

2,5－二甲基己烷

$$\begin{array}{ccccccccc} & & CH_3 & & & & & & \\ & & | & & & & & & \\ CH_3 & — & C & — & CH_2 & — & CH & — & CH_3 \\ & & | & & & & | & & \\ & & CH_3 & & & & CH_3 & & \end{array}$$

2,2,4－三甲基戊烷

以上列举的 3 种异辛烷和正辛烷的结构互不相同，但分子式却相同（C_8H_{18}），在有机化学中叫做同分异构体。同分异构体由于结构不同，其性质也稍有不同。

在常温下，烷烃中碳原子数从 1～4（即从甲烷到丁烷）是气体，碳原子数从 5～16 是液

体,碳原子数16以上的是固体。固态烷烃在燃油中以溶液状态存在。

烷烃分子中碳原子的化合价都得到满足,称为饱和烃。在低温时化学性质比较稳定,烷烃的碳链越长,结构越不稳定,易生成过氧化物及醇、醛等氧化物,发火性能好,是压燃式发动机燃料的理想成分。烷烃中的异构体较正构烷烃结构紧密,不易被氧化进而生成过氧化物,发火性能差,不易发生爆燃,是点燃式发动机燃料的理想成分。

二、环烷烃

环烷烃分子结构式中的碳原子呈环状排列,并以一价互相结合,其余碳价都与氢原子相结合。由于所有的碳价都被饱和,因而它是一种环状饱和烃,分子通式是 C_nH_{2n}。在燃油中,大都是单环的五碳环及六碳环的环烷烃,如:

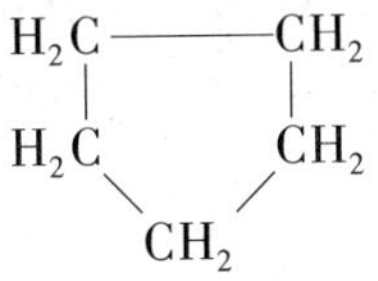

```
                                      CH2
                                     /   \
  H2C ———— CH2                   H2C       CH2
   |        |                     |         |
  H2C      CH2                   H2C       CH2
     \    /                          \   /
      CH2                             CH2
```

环戊烷(C_5H_{10}) 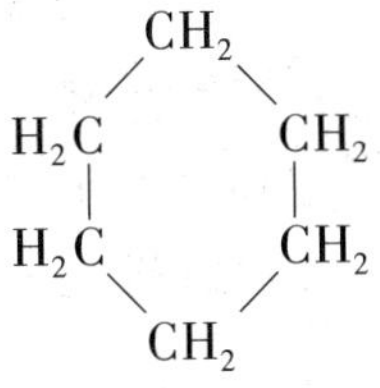　　环己烷(C_6H_{12})

环烷烃的化学性质比较稳定,不易氧化变质,一般须在400℃以上时才能自燃,其抗爆性比正构烷烃高,与大部分异构烷烃的抗爆性能相当。环烷烃的凝点低,润滑性较好,是汽油和润滑油的理想成分。

三、芳香烃

芳香烃最简单的分子结构是苯(C_6H_6),由6个碳原子和6个氢原子组成环状,其中碳原子之间以单键与双键交替连接:

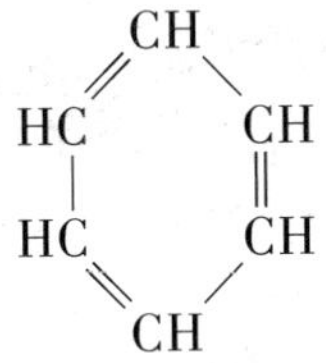

```
      CH
    //  \
  HC      CH
   |      ||
  HC      CH
    \\  /
      CH
```

苯(C_6H_6)

芳香烃是以苯环为基础组成的化合物,有单苯环、双苯环的芳香烃,还有三苯环和四苯环的芳香烃、带侧链的芳香烃、由环烷烃和芳香烃混合组成的芳香烃等,如甲苯、烷基苯、萘、联苯及蒽等。

芳香烃分子式具有多种不同的通式,如 C_nH_{2n-6}、C_nH_{2n-12} 和 C_nH_{2n-18} 等。由于苯的分子结构中单键和双键能相互作用,因此,芳香烃的安定性比烷烃和环烷烃差,易和其他物质发生反应,例如苯和硫酸反应生成苯磺酸。但是,芳香烃的自燃温度高,例如苯的自燃温度高达600℃,具有良好的抗爆能力。汽油中掺入少量的苯,就可以提高其抗爆性。但是,苯的发热量低(含氢原子少),凝点高(5.4℃),毒性也较大,对有机物的溶解力较强。目前,车用汽油的发展趋势是限制芳香烃的掺入量,在实际使用中,应控制并采取相应的措施。

四、烯烃

烯烃较相同碳原子数的烷烃相比,氢原子数量少,不能满足碳的四价需要,所以分子中碳与碳原子之间有双键连接，为不饱和烃。有一个双键的称为烯烃，有两个双键的则为二烯烃，如：

$$\begin{array}{c}\text{H}\quad\text{H}\\ |\quad\ |\\ \text{H—C═C—H}\end{array}\qquad\qquad\begin{array}{c}\text{H}\quad\text{H}\quad\text{H}\quad\text{H}\\ |\quad\ |\quad\ |\quad\ |\\ \text{H—C═C—C═C—H}\end{array}$$

乙烯（C_nH_{2n}）　　　　丁二烯（C_nH_{2n-2}）

烯烃的分子通式是 C_nH_{2n}，二烯烃的分子通式是 C_nH_{2n-2}。烯烃、二烯烃由于氢原子不能满足碳原子的四价需要，则其安定性最差，在一定条件下很容易氧化生成高分子黏稠物，特别容易进行加成反应、氧化反应和聚合反应。所以含烯烃较多的汽油或柴油，在长期储存中容易氧化变质。烯烃在工业上被广泛用来生产合成润滑油、合成橡胶、航空燃料和润滑油添加剂等。

不饱和烃对于大多数石油产品都不是理想成分，因为它在氧化时，会形成胶质和有机酸。石油产品中所含的不饱和烃成分，主要是在裂化加工过程中，由一些烷烃、环烷烃分解而生成的，可通过精制石油产品把它们除去。

五、石油中的非烃化合物

石油中还含有一些非烃化合物，它们对石油产品的使用性能和石油的加工都有很大的影响，在石油的炼制过程中，多数精制过程都是为了解决非烃化合物。非烃化合物主要包括含硫化合物、含氧化合物、含氮化合物、胶状物质和沥青状物质。

1. 含硫化合物

含硫化合物包括硫化氢（H_2S）、硫醇（RSH）、硫醚（RSR′）、二硫化物（RSSR′）、环硫醚、噻吩及其同系物等。硫化氢被空气氧化生成硫，硫与石油烃类作用又可生成硫化氢和其他硫化物，一般在 200～250℃就能进行这种反应。硫醇在石油中含量不多，多存在于低沸点馏分中。硫醇中的 R 可为烷基，也可以是环烷基、芳香基（如苯硫酚）。硫醇不溶于水，低分子甲碱醇（CH_3SH）、乙硫醇（C_2H_5SH）具有极强烈的特殊臭味。硫、硫化氢和低分子硫醇都能与金属作用引起腐蚀，它们统称为活性硫化物。硫醚是中性液体，但稳定性较高，与金属没有作用，是石油中含量较多的硫化物之一。二硫化物在石油中含量较少，而且多集中于高沸点馏分中，也显中性，不与金属作用，但受热后能分解成硫酸、硫醇或硫化氢。噻吩及其同系物是一种芳香性的杂环化合物，物理化学性质与苯系芳香烃很接近，是石油中的主要含硫化合物。

2. 含氧化合物

石油中的含氧化合物可分为酸性氧化物和中性氧化物。酸性氧化物有环烷酸、脂肪酸和酚类，总称为石油酸。中性氧化物有醛、酮等，它们在石油中含量一般极少，约在千分之几的范围内。

酸性氧化物中，环烷酸约占 90%，它的化学性质与脂肪酸相似，是典型的一元羧酸，具有普通羧酸的一切性质。在中和时，环烷酸很容易生成各种盐类，其中碱金属的盐能很好地溶解于水。由于环烷酸能对金属引起腐蚀，在石油产品的炼制过程中，一般可用碱洗法除去。

3. 含氮化合物

石油中的含氮化合物可分为碱性和非碱性两类。碱性氮化物含量较多，如吡啶、喹林、异喹林和吡啶的同系物。非碱性氧化物主要有吡咯、吲哚咔唑及它们的同系物、金属的卟啉

化合物。

含氮化合物的性质很不安定，容易氧化叠合生成胶质，影响石油产品的使用性能。若有较高的含氮量，燃烧时会产生难闻的臭味。

4. 胶质和沥青质

胶质、沥青质是石油中结构最复杂、分子量最大的物质，组成中除含有碳、氢外，还含有硫、氧、氮等元素。胶质是树脂状黏稠物质，呈深黄色至棕色。沥青质是非晶态粉末，呈深褐色或黑色。石油的颜色与所含胶质、沥青质的数量有关，含量越高，石油的颜色就越深。石油中的沥青质全部集中在渣油中，在制取高黏度润滑油时，将它从渣油中脱出后，经氧化制成道路、建筑和电器绝缘用沥青。

石油中的非烃化合物，主要是胶质和沥青质，其含量在石油中可达百分之十几甚至百分之四十几。

六、烃类分布规律

石油是混合物，没有固定的沸点，采用蒸馏方法制取油品时，各种油品是不同沸点的产物。蒸馏分离出来的各种成分，叫做馏分。一般情况下，蒸发温度为 35 ~ 200℃ 的馏分为汽油，蒸发温度为 200 ~ 350℃ 的馏分为煤、柴油，蒸发温度为 350 ~ 500℃ 的馏分为润滑油。表 1-1 说明了各种烃类对石油产品性质的影响。

各种烃类对石油产品性质的影响 表 1-1

烃类		密度	自燃点	辛烷值	十六烷值	化学安定性	黏度	黏温性	低温性
烷烃	正构	小	低	低	高	好	小	最好	差（高分子）
	异构		高	高	低	差			好
环烷烃	少环	中	中	中	中	好	大	好	中
	多环					差		差	
芳香烃	少环	大	高	高	低	好	大	好	中
	多环					差		差	
烯烃		稍大于烷烃	高	高	低	差			好

烷烃、环烷烃和芳香烃的碳原子个数少，分子量小和环数少的烃，都分布在低沸点馏分中；反之，则分布在高沸点馏分中。烷烃、环烷烃和芳香烃在石油产品（指后面讲到的直馏产品）中的分布规律如下。

1. 汽油

异构烷烃体积含量约占 21%，正构烷烃体积含量约占 29%，即烷烃含量约占 50%。正构烷烃的碳原子数为 $C_5 \sim C_{11}$，环烷烃和芳香烃多为单环的。

2. 柴油

正构烷烃和异构烷烃的体积含量约各占 20%。正构烷烃碳原子数为 $C_{23} \sim C_{36}$，环烷烃、芳香烃环数增多，除单环外，还有双环和三环的。

3. 润滑油

正构烷烃体积含量约占 10%，环烷烃体积含量约占 40%。正构烷烃碳原于数为 $C_{23} \sim C_{36}$，环烷烃均是三环以上的，芳香烃的环数、侧链数和侧链的长度均增加，三环以上的芳香烃都分布在润滑油中。

油品中烃类的分布规律不同，油品的使用性能也不同。例如：汽油与普通柴油的密度和自燃点（将油品加热到与空气接触因剧烈氧化而产生火焰自行燃烧的最低温度）不同。在温度为20℃、气压为100kPa时，汽油的密度为0.742kg/L，普通柴油的密度为0.830kg/L。汽油的自燃点为415～530℃，普通柴油的自燃点为240～400℃。

第二节　石油产品提炼的基本方法

从地下开采出来的石油，是复杂的混合物，不能直接使用，需送到炼油厂加工，生产出符合一定质量要求的石油产品，才能满足各方面的需要。由于各个炼油厂采用的原油性质和生产的石油产品不同，其生产设备及工艺也不相同。一般将炼油厂分为燃料油、燃料—润滑油和燃料—化工3种类型。燃料型炼油厂，通常是先采用一次加工，即将原油进行蒸馏，依次分离出汽油、煤油、普通柴油、重柴油和润滑油等各种沸点不同的馏分。燃料—润滑油型炼油厂，是通过一次加工将原油中轻质油品分出，余下的重质油品再经过各种润滑油生产工艺，加工出润滑油。燃料—化工型炼油厂，是将原油首先经过一次加工，蒸馏出轻质组分，再通过对余下的重质组分进行二次加工，使其转化为轻质组分。这些轻质组分一部分用作燃料油，一部分通过催化重整工艺、裂化工艺制取芳香烃和乙烯等化工原料。化工原料通过化工装置，制取醇、酮、酸等基本有机原料及合成材料等化工产品。

一、蒸馏法

石油是由各种化合物组成的混合物，每一种化合物都有本身固有的沸点，利用这一点将石油逐渐加热，首先蒸发的是饱和蒸气压最高的最轻组分，然后在温度继续升高时，便会蒸发出越来越重的石油组分。在一定温度范围内收集的馏出物称为石油馏分。较低温度范围下的石油馏分叫轻馏分，较高温度范围下的石油馏分叫重馏分。这种利用石油中不同分子量和不同结构的烃具有不同沸点的性质，对石油进行一次加热，将一定沸点范围的烃分别收集，从而获得各种燃料和润滑油的加工方法，称为蒸馏法。蒸馏法分为常压蒸馏和减压蒸馏两种，如图1-2所示。

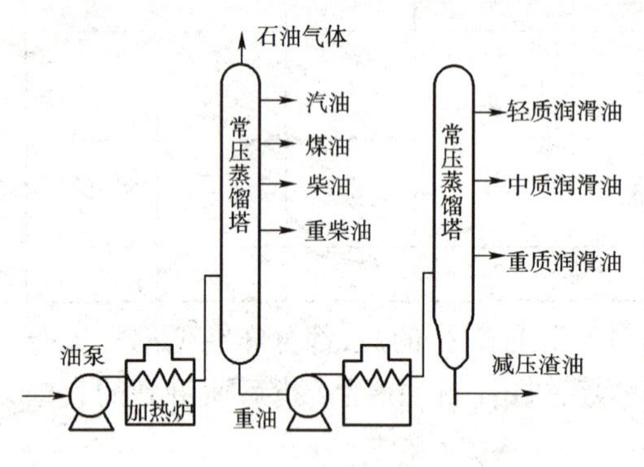

图1-2　石油蒸馏流程图

常压蒸馏可直接从石油中得到汽油（蒸发温度范围为35～200℃）、煤油（蒸发温度范围为200～300℃）和柴油（蒸发温度范围为300～350℃）等。其蒸馏流程是：首先将石油在管式炉中加热使之变成油蒸气，然后送入分馏塔中。分馏塔在不同的位置上安装着隔板，这些隔板称为塔盘，油蒸气在塔盘中冷凝结成液体。在分馏塔的上层塔盘中可以获得汽油馏分，在中部塔盘中可以获得喷气燃料和煤油馏分，在下部盘中可以获得柴油。塔顶上获得的石油气体，是良好的化工原料。塔底部残留的不能蒸发的残油，称为塔底油。常压蒸馏的石油产品，主要由烷烃和环烷烃组成，由于蒸馏过程所发生的是物理变化，所以一般不含不饱和烃，产品性质安定，不易氧化变质，但抗爆性差。

减压蒸馏是以重油为原料，将重油通过蒸馏分为不同黏度的润滑油馏分，是炼制润滑油的重要工艺。由于重油的沸点高达350～500℃，所以它不能采用常压蒸馏的方法。如果将重油采用常压蒸馏，势必要提高加热温度，这将导致重油分子发生裂解，变成轻油，影响制取润滑油的馏分组成。

众所周知，大气压力降低，液体的沸点也会降低。100kPa（760mmHg）大气压力下，水的沸点为100℃，而在大气压力降至70.5kPa（529mmHg）的地方（如在高原上），水的沸点即降至90℃。同样，在降低压力的条件下加热重油，重油就会在较低的温度下沸腾，蒸发成气体。这样就可以达到从重油中分离出各种不同润滑油馏分的目的，而不致引起重新裂解。减压蒸馏的目的是从常压蒸馏剩下的塔底油中，在适当降低压力的条件下蒸馏，从而获得润滑油和裂化原料油的原料。

减压蒸馏法的塔底油在管式炉中被加热至400℃以上，送入减压蒸馏塔中，塔内保持1.33kPa的压力，使重油蒸发成气体，并在各层塔盘中冷凝，则在减压塔上下不同高度的塔盘中，即可分别获得轻质润滑油馏分、中质润滑油馏分和重质润滑油馏分，这些油统称为馏分油。塔底残留的油料，经丙烷脱沥青、脱蜡和精制后制得的各种油品称为渣油型润滑油。用两种馏分润滑油或由一种馏分润滑油与残馏润滑油按不同比例进行调和，以生产出各种不同规格的润滑油，这些润滑油统称为调和油。一般黏度大的发动机油大多属于调和油。

利用直馏法获得的汽油、柴油产率较低，一般在25%～30%，远不能满足日益增长的燃料需求。因此，近代炼制工艺是采用各种二次加工，以获得更多更好的油品。二次加工法有热裂化、催化裂化、加氢裂化、催化重整、烷基化和延迟焦化等方法。

二、热裂化法

热裂化法是利用重质烃类在高温、高压下可发生裂解的性质，将一些大分子烃类分裂成为一些小分子烃类，从而获得更多的汽油、柴油等石油产品的一种加工方法。温度和压力视重油的组成而定，一般裂化温度高于460℃，最高压力为7.0MPa。热裂化产品有裂化气、汽油、柴油、渣油等。汽油的产率为30%～50%，柴油产率约为30%。由于裂化的汽油和柴油中，含有较多的烯烃和芳香烃，汽油抗爆性较直馏汽油强，柴油的十六烷值和凝点较直馏柴油低，性质不安定，储存易氧化变质，所以一般不宜单独使用，主要用来掺和低辛烷值的车用汽油和高凝点的柴油。因此热裂化法在国外已被淘汰。

三、催化裂化法

催化裂化法与热裂化的区别是，重质烃类的裂解是在催化剂的作用下进行的。催化剂主要是硅酸铝或合成泡沸石等。由于有催化剂的作用，使大分子烃在较低的温度（通常为450～590℃）和在常压或较低压力（压力为0.1～0.2MPa）条件下就能裂化成小分子烃，并改变分子结构，发生异构化、芳构化和氢转移反应，使油品中不饱和烃大大减少，异构烷烃、芳香烃增多。因此，催化裂化汽油性质安定，辛烷值高（可达80），故用作航空汽油和高级车辆用汽油的基本组成成分。催化裂化过程还产生大量丙烯、丁烯、异丁烷等裂化气体，它们是宝贵的化工原料。催化裂化还能提供大量液化石油气以供民用。催化裂化所产的柴油，含有大量的重质芳香烃，经抽提后，不仅可改善柴油的燃烧性能，同时可得到大量制萘的原料。用催化裂化可制得43%左右的汽油、33%左右的柴油、7%左右的焦炭、14%左右的化工合成原料和一些裂化气体。由于催化裂化法炼制的石油产品质量好，同时能综合利用，所以是目前普遍采用的炼制方法之一。

四、加氢裂化法

加氢裂化法是20世纪60年代初期发展起来的新工艺。它与催化裂化的不同之处，是在高温（370～430℃）和高压（10～15MPa），并有催化剂和氢气（约为原料质量的2.5%～4.0%）的作用下，对原料加氢、裂化和异构化，从而获得各种高质量油品的一种炼制方法。加氢反应可使不饱和烃变成饱和烃，生产的汽油抗爆性好，安定性高，腐蚀性小；生产的柴油发火性好，凝点也低；生产的润滑油黏温性能好。

加氢裂化的原料广泛，柴油、减压馏分甚至渣油以及含硫、含氮、含蜡很高的原料都可以用，而且产品的产率接近100%。但这种方法是在高压下操作，条件苛刻，需要合金钢材较多，投资大，故没有催化裂化法那样应用普遍。

五、催化重整法

指对直馏汽油的馏分，在催化剂（铂、铼等贵金属）作用下，使其烃分子结构进行重新排列形成新的分子结构，从而获得高辛烷值和安定性好的汽油组分的工艺。

催化重整的汽油组分辛烷值高达85，抗氧化安定性好。

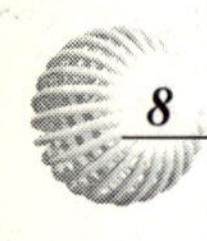

六、烷基化法

在催化剂作用下，烷烃与烯烃的化学加成反应叫做烷基化。烷基化的主要原料是催化裂化气体中的异丁烷和丁烯，其他如丙烯和戊烯也可作为原料，催化剂是浓硫酸或氢氟酸，我国目前采用的是浓硫酸。

烷基化加工流程是：将原料和硫酸同时送入反应器中，硫酸与原料之比约为1∶1.8。反应器中的压力为0.3MPa，温度为4～10℃，原料在液态下进行加成反应。反应时应进行充分搅拌，以保证硫酸和烃类形成乳状液，使之充分接触，反应完全。反应过程中，硫酸浓度降至85%时，应另换新酸。反应后的产物用沉降法分离出硫酸，再经碱洗和水洗，然后送入蒸馏塔提出轻烷基化油和重烷基化油。

烷基化主要产物是工业异辛烷（轻烷基化油），具有高抗爆性，可作为汽油的组分使用，国外高级汽油中，烷基化汽油加入量达28%。重烷基化油可作为普通柴油组分使用。

七、延迟焦化法

延迟焦化是为了充分利用能源以得到更多的轻质油，对减压油等重质油品进行深度加工的一种方法。其产品主要是轻质燃料、裂化原料油和石油焦等。石油焦作冶金工业电极等用。

将减压渣油预热后送入焦炭塔下部，和焦化生成的气体产物进行热交换，在塔内高温作用下，停留足够时间进行反应。从焦炭塔顶部引出高温油气进入分馏塔底部，在分馏塔内分离出焦化气、汽油、柴油和焦化蜡油，余下的重质油再送回加热炉加热，并和原料油一起送入焦炭罐重新循环进行焦化。在高温500℃左右下，一方面使大分子的烃类裂化反应分解成为小分子烃类，直至成为气体，另一方面缩合成石油焦。为了防止原料在炉管内生焦，应设法缩短原料在高温炉管内的停留时间，而延迟到进入焦炭塔后再给予充分时间进行反应生成焦炭，故称为延迟焦化。

延迟焦化汽油生产率达 10% ~20%，柴油生产率达 25% ~35%，裂化原料油的生产率为 25% ~35%，油焦生产率为 15% ~20%。焦化石油产品含有大量的烯烃，安定性很差，必须进行精制。

八、石油产品的精制

原油经蒸馏和各种二次加工得到的燃料、润滑油产品大都是半成品，除含有少量杂质（如硫、氧、氮的化合物）外，还含有极不安定的不饱和烃（如二烯烃）。为了保证油品质量，须经精制除去这些不良成分，常用的精制方法如下。

1. 电化学精制

在高压电场作用下，对油品进行酸洗和碱洗，以除去产品油中的非理想成分。浓硫酸对非烃化合物有溶解作用，并可进行磺化反应，也可与烯烃、二烯烃进行酯化和叠合反应，其产物大部分都溶于酸中，生成酸渣，经沉淀与油分离。但是，油经浓硫酸处理后会呈酸性，故要用碱中和，从而得到腐蚀性小、安定性好的油品。因此，电化学精制又称酸碱精制法。

2. 加氢精制

加氢精制与加氢裂化反应相似，是将油品在一定温度（300 ~425℃）、压力（6 ~15MPa）以及有催化剂和加氢的条件下，除去油中的硫、氮、氧、多环芳香烃和金属杂质等有害组分，并使不饱和烃变为饱和烃，以改善油品质量的一种方法。

直馏、热裂化所得的汽油、煤油、润滑油、重油等，均可用加氢精制，得到的产品质量好，生产率高（接近 100%）；但投资较大，技术条件较严格。加氢精制是近年来发展较快的一种精制方法。

3. 溶剂精制

溶剂精制是利用一些溶剂在一定的条件下，能很好地溶解油品中的胶质、沥青质和带有短侧链的多环烃等不良物质，而对烷烃和带长侧链的环烷烃很少溶解的性能，使油品得到精制。

常用的溶剂有糠醛、酚和硝基苯等。溶剂精制与电化学精制相比，其产品产率高，溶剂能回收重复使用，且没有酸、碱渣等污染物，所以得到较广泛使用。

4. 白土精制

白土精制用作电化学精制及溶剂精制的补充，以进一步提高油品的质量。白土是表面积极大的多孔性陶土，能吸附油内的沥青、树脂、硫、氮的化合物、无机酸和溶剂等。将磨细的白土与油品混合，在管式炉内加热到 200 ~300℃，送到接触塔内，让白土与油品接触处理 5 ~15min，待油品冷却到 150℃左右，滤除白土，即可获得精炼油。

白土精制的缺点是：废白土中含有约 5% 的油品，不易提出。所以，目前国外大多数炼油厂已经用加氢补充精制代替白土精制。加氢补充精制和加氢精制原理相似，只是处理条件有所不同。

5. 脱蜡

从煤油到各种润滑油馏分中，一般都含有不同数量的石蜡或地蜡。含蜡的油品凝点高，低温流动性差，所以应将油品中的蜡分离出来，即脱蜡。

冷榨脱蜡：通过冷冻降低油温，使蜡结晶，再经压榨将油品中的蜡分离出来。它只适用于轻质油料。

溶剂脱蜡：往油品中加入溶剂，降低油品黏度。这种溶剂在一定的低温时只溶解油而不溶解蜡。这样,经低温冷冻后,使油与蜡分离。常用的溶剂有丙酮、苯及甲苯的混合物。

分子筛脱蜡:分子筛是合成的泡沸石,是结晶型的碱金属硅酸铝盐。它是一种选择性的吸附剂,具有特殊的孔道结构,仅能吸附某些正构烷烃分子,从而达到脱蜡的目的。

此外,还有微生物脱蜡、尿素脱蜡等方法。

1. 烃类主要分为哪几种?
2. 非烃化合物主要包括哪几种?
3. 烷烃按其结构如何分类?异辛烷有多种结构形式,怎样命名?
4. 各种烃类对石油产品性质的影响有哪些?
5. 石油产品提炼的基本方法有哪些?各有何特点?
6. 石油产品常用的精制方法有哪些?各有何特点?

第二章　汽　　油

汽油是汽油机的主要燃料。汽油是从石油提炼而得到的密度小、易于挥发的液体燃料，自燃点为415～530℃。按照提炼方法，汽油可分为直馏汽油和裂化汽油。将石油加热，在35～200℃的温度范围内蒸发出来的轻馏分蒸汽冷凝后即成为直馏汽油。汽油的裂化法有热裂化和催化裂化。利用催化裂化法可以从石油中获得更多的优质汽油。在汽油机工作时，汽油应能在很短的时间内形成良好的可燃混合气，保证汽油机能在各种工作条件下，可靠起动、平稳运转、正常燃烧，充分发挥汽油机的使用性能。因此，了解汽油的性能、评价指标等内容对正确合理地选用汽油显得十分必要。

第一节　汽油的使用性能

汽油的使用性能虽多，但与普通柴油相比，特殊的方面主要表现在它的蒸发性和抗爆性。

一、蒸发性

汽油由液态转化为气态的性质，叫做汽油的蒸发性。

汽油机工作过程中，要求其燃料供给系必须在0.02～0.04s时间内形成均匀的可燃混合气。汽油机在进气行程中，由于活塞的下移运动，在汽缸中产生较大的真空度和真空吸力，能够把大气吸进汽缸。燃油喷射式发动机根据进气量的多少，配比适量的燃油并喷射到进气门附近，雾化的汽油在真空和机体加热的作用下蒸发气化，并在气门开启时随着空气而进入汽缸并进一步混合，在汽缸里形成良好的混合气。若汽油的蒸发性不好，将有部分汽油以液态进入汽缸，使可燃混合气品质变坏，燃烧状况变差，会导致汽油机功率下降，耗油量增加，有害气体排放量增大，发动机磨损加剧。

汽油应具有适当的蒸发性，以保证汽油机在低温条件下容易起动，预热时间短，加速灵敏，运行稳定。但是，汽油的蒸发性过好会使燃油系统在夏季产生气阻，或由于油路中气泡增多，影响喷油器流量的稳定，直接影响发动机的闭环控制，进而影响发动机排放污染物的控制；或使汽油蒸发控制系统的吸附炭罐过载；或使汽油在保管和使用中的蒸发损失增大等。因此，综合考虑以上各因素，要求汽油具有适当的蒸发性。

评定汽油蒸发性的指标是馏程和饱和蒸气压。

二、抗爆性

汽油抗爆性是表示汽油在汽油机燃烧室中燃烧时防止爆震燃烧的能力。

汽油机正常的燃烧过程是火花塞跳火，产生高能量的电火花，使其电极间的可燃混合气温度急剧升高并被点燃，形成火焰中心。火焰前锋约以20～30m/s的速度迅速向燃烧室远离火花塞的各点传播，使混合气绝大部分燃烧完毕，释放出热能。正常燃烧过程，汽缸内的压力升高率为每度曲轴转角不大于200kPa，温度上升也很均匀，汽油机工作柔和平稳，动力性能得到充分发挥。爆震燃烧（简称爆燃）则是在正常火焰前锋到达之前，由于火焰前锋的压缩和热辐射作用，温度急剧地升高而自然发火，形成多个火焰中心，使火焰传播速度高达1 000～2 000m/s，燃气压力在燃烧室壁、活塞顶和汽缸壁产生强烈的噪声并伴随金属敲击声，引起发动机振动。

现代汽油机的压缩比都有不同程度的提高，增加压缩比可以提高汽油机的热效率。但是压缩比越高，压缩终了汽缸内混合气的压力和温度越高，越易产生爆燃，对汽油的抗爆性要求就越高。

汽油的抗爆性取决于碳氢化合物的结构。正构烷烃的抗爆性随着碳原子数目的增加而下降，而异构烷烃随支链的增加而提高。芳香烃和主碳链长度不超过4～5个碳原子的异构烷烃的抗爆性最高，具有6个以上碳原子数的正构烷烃以及分子中有8个以上碳原子而只有一个支链的异构烷烃的抗爆性最低。所以，汽油的抗爆性决定于各种烃类的含量，若含抗爆性高的烃类多，则其抗爆性必然高。

评定汽油抗爆性的指标是辛烷值和抗爆指数。

三、化学安定性和物理安定性

1. 汽油的化学安定性

汽油的化学安定性是指汽油在储存、运输、加注和其他作业时，抵抗氧化生胶的能力。安定性不好的汽油在使用过程中，受到空气中的氧、环境温度和光等的作用，会发生氧化缩合而生成胶质，使汽油颜色变黄并产生黏稠的沉淀物。这些胶状物黏附在滤清器、汽油管道、化油器的量孔或喷油器的喷口处，不仅会破坏汽油的正常供给，甚至中断供油，还会使化油器量孔或喷油器喷口处的有效截面积变小，造成混合气变稀，调整困难，耗油率增大。如果胶状物积聚在进气门头部下方，会影响气门正常开闭的运动和进气通道的截面积，并且气门处的高温还会使胶质进一步氧化而分解，生成积炭沉积在活塞顶、活塞环槽、燃烧室壁和火花塞上，使汽缸散热不良，发动机过热，引起爆燃，从而加剧磨损。此外随着胶质的增多，会使汽油的辛烷值下降，酸度增加。

因此，为了保证汽油机可靠工作，要求车用汽油具有良好的化学安定性。

评定汽油化学安定性的指标是实际胶质和诱导期。

2. 汽油的物理安定性

汽油的物理安定性是指汽油在使用过程中（如加注、运输、储存），保持不被蒸发损失的性能。车用汽油要求具有良好的物理安定性。汽油的物理安定性主要取决于汽油中所含低沸点烃类的多少。为了改善汽油机的起动性，希望汽油中含低沸点烃类多些，但这些烃类容易蒸发逸散，导致损耗增加，使汽油的物理安定性变差。

评定汽油物理安定性的指标是饱和蒸气压和馏程。

四、腐蚀性

汽油对储油容器和机件应无腐蚀。

汽油机的燃料供给系是由许多金属零件组成的，如果汽油中有硫元素、活性或非活性硫化物、水溶性酸或碱等存在时，就会对金属产生直接或间接腐蚀作用。所以对汽油的腐蚀性应有严格的要求，汽油应无腐蚀性。

评定汽油腐蚀性的指标是硫含量、铜片腐蚀试验、水溶性酸或碱、酸度和博士试验。

五、清洁性

清洁性是指汽油中是否含有机械杂质和水分的性质。

炼油厂炼制的成品汽油是不含有机械杂质和水分的，但在运输、灌注、储存和使用过程中。机械杂质（锈、灰尘、各种氧化物等）和水分会混入汽油中。机械杂质会加速化油器量孔和喷油嘴的磨损，或堵塞量孔、喷油嘴和汽油滤清器。机械杂质进入燃烧室，又会使燃烧室积炭增多，引起汽缸、活塞和活塞环的加速磨损。其汽油中的水分在低温下易结冰，会堵塞油路，同时还能加速汽油的氧化，加快腐蚀作用。所以车用汽油中应严格控制机械杂质和水分的混入。

评定汽油清洁性的指标是机械杂质和水分。

第二节　汽油使用性能的评定指标

一、汽油蒸发性的评定指标

1. 馏程

汽油的馏程是指在石油产品馏程测定仪上对 100mL 油品蒸馏时，从初馏点到终馏点的温度范围。汽油的蒸发温度对汽油机的工作有很大影响。汽油馏程以初馏点、10% 蒸发温度、50% 蒸发温度、90% 蒸发温度、终馏点和残留量来表示。

（1）初馏点。在冷凝管末端滴下第一滴汽油时所观察到的校正温度计的读数，称为初馏点。

（2）10% 蒸发温度。对 100mL 汽油在规定条件下蒸馏时，得到 10% 汽油馏分时所观察到的校正温度计的读数，称为 10% 蒸发温度。

10% 蒸发温度表示汽油中含轻质馏分的多少，对汽油机冬季起动的难易和夏季是否发生“气阻”有很大的影响（图 2-1）。10% 蒸发温度越低，汽油的蒸发性越好，能够迅速形成可燃混合气，汽油机在低温条件下就容易起动。国家有关标准规定各牌号汽油的 10% 蒸发温度不高于 70℃。但 10% 的蒸发温度也不能过低，否则，在夏季将使汽油机燃料供给系内产生“气阻”的倾向增大，使汽油机功率下降，甚至供油中断。国家标准中未规定汽油 10% 蒸发温度的下限，而是通过饱和蒸气压来控制。一般认为，10% 蒸发温度不宜低于 60 ~ 65℃。

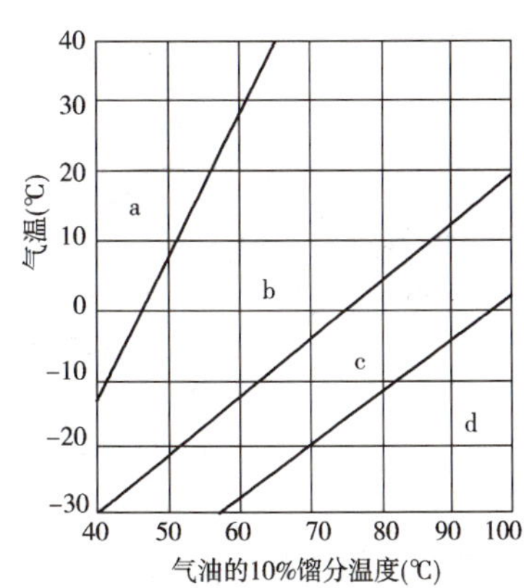

图 2-1　汽油的 10% 蒸发温度对汽油机低温起动性和高温气阻性的影响

a-产生气阻；b-起动容易；c-起动困难；d-不能起动

（3）50% 蒸发温度。对 100mL 汽油在规定条件下蒸馏时，得到 50% 汽油馏分时所观察到的校正温度计的读数，称为 50% 蒸发温度。

50% 蒸发温度表示汽油的平均蒸发性。其温度低，对汽油机的加速性、工作稳定性及起动后迅速升温(暖车)有利。50% 蒸发温度过高时，汽油机运转由低速骤然变为高速时，化油器节气门突然开大，由于汽油蒸发量少，使混合气变稀，汽油机不能发出需要的功率，运转不平稳，汽油机加速时间长，并在加速时车辆出现抖动现象。所以，国家有关标准中规定各牌号汽油 50% 蒸发温度不高于 120℃。

(4)90% 蒸发温度。90% 蒸发温度和终馏点表示汽油中含重质成分的多少。其温度越高，汽油的质量越差。因含重质成分过多，汽油在点火爆发前处于未蒸发状态数量多，在沿汽缸壁下流的同时，冲洗掉汽缸壁上的润滑油膜，稀释润滑油导致汽缸、活塞等零件以及其他配合副机械磨损加剧。同时也造成混合气燃烧不完全，尾气排放污染增加，耗油量增加，汽油机工作不稳定。国家有关标准中规定各牌号汽油 90% 蒸发温度不高于 190℃。

(5)终馏点。试验中得到的最高校正温度计的读数，称为终馏点。汽油终馏点不高于 205℃。

(6)残留量。对 100mL 汽油在规定条件下蒸馏时，所得残留物质的体积百分数，称为残留量。

残留量表示汽油中最不易蒸发的重质成分和储存过程中生成的氧化胶状物的含量。残留量多，会使燃烧室积炭增加，喷孔及量孔处结胶，影响汽油机正常工作。因此，残留物应严格限制。残留量的多少用体积百分数来表示，国家标准规定车用汽油残留量(V/V)应不大于 2%。

测定馏程的标准是《石油产品常压蒸馏特性测定法》(GB/T 6536—2010)。

实验指导：

1)实验所用仪器

实验所用仪器为石油产品馏程测定器，见图 2-2。

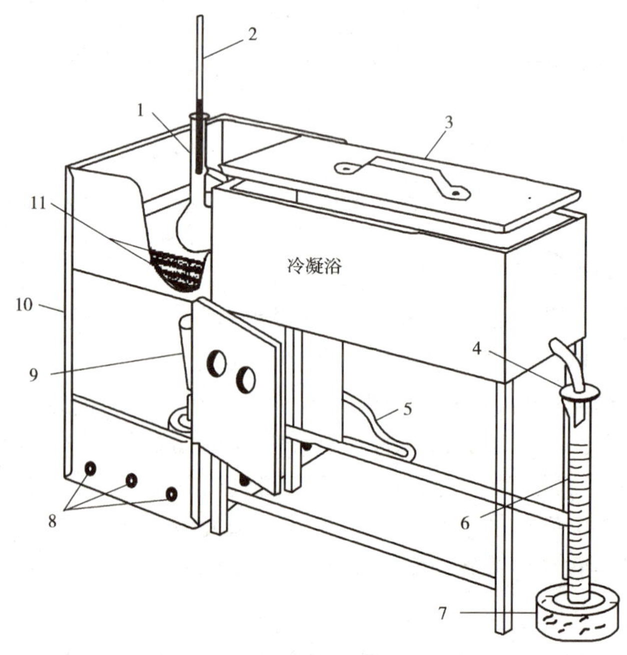

图 2-2 燃气加热型蒸馏仪

1-烧瓶；2-温度计；3-冷凝器盖；4-遮盖纸；5-气体管线；6-量筒；7-底座；8-通风孔；9-燃气加热器；10-防护罩；11-耐热板

2）实验方法和步骤

（1）装好仪器之后，先记录大气压力，然后开始对蒸馏烧瓶均匀加热。蒸馏汽油时，从加热开始到冷凝管下端滴下第一滴馏出液所经过的时间为 5 ~ 10min；蒸馏普通柴油时，为 10 ~ 15min。

（2）将第一滴馏出液从冷凝管滴入量筒时所记录的温度作为初馏点。

（3）蒸馏达到初馏点之后，移动量筒，使其内壁接触冷凝管末端，让馏出液沿着量筒内壁流下。此后蒸馏速度要均匀，每 1min 馏出 4 ~ 5mL（相当于每 10s 馏出 20 ~ 25 滴）。

以每 10s 相应的滴数检查蒸馏速度时，可以将量筒内壁与冷凝管末端离开片刻。

蒸馏重柴油时，最初馏出 10mL 的蒸馏速度是每分钟 2 ~ 5mL，继续下去的蒸馏速度是每分钟 4 ~ 5mL。

（4）在蒸馏过程中要记录与试样技术标准中所要求的事项。例如：

①如果试样的技术标准要求测定馏出百分数（如 10%、50%、90% 等）的温度，那么当量筒中馏出液的体积达到技术标准时，就立即记录馏出温度。实验结束时，温度计的误差，应根据温度计检定证上的修正数进行修正。

②如果试样的技术标准要求在某温度（例如 100℃、200℃、250℃、270℃）时的馏出百分数，那么当蒸馏温度达到相当于技术标准所指定的温度时，就立即记录量筒中的馏出液体积。在这种情况下，温度计的误差，应预先根据温度计检定证上的修正数进行修正。

（5）在蒸馏汽油的过程中，当量筒中的馏出液达到 90mL 时，允许对加热强度作最后一次调整，要求在 3 ~ 5min 内达到干点。如要求终点而不要求干点时，应在 2 ~ 4min 内达到终点。

（6）蒸馏达到试样技术标准要求的终点（如馏出 95%、96%、97.5%、98% 等）时，除记录馏出温度外，应同时停止加热，让馏出液流出 5min，就记录量筒中的液体体积。

（7）如果试样的技术标准规定有干点的温度，那么对蒸馏烧瓶的加热要达到温度计的水银柱停止上升而开始下降时为止，同时记录温度计所指的最高温度并作为干点。在停止加热后，让馏出液流出 5min 时记录量筒中液体的体积。

（8）蒸馏时，所有读数都要精确至 0.5mL 和 1℃。

（9）实验结束时，待蒸馏烧瓶冷却 5min 后，从冷凝管卸下蒸馏烧瓶。卸下温度计及瓶塞之后，将蒸馏烧瓶中热的残余物仔细地倒入 10mL 的量筒内。待量筒冷却到 20℃ ±3℃ 时，记录残馏物的体积，精确至 0.1mL。

2. 饱和蒸气压

在一定温度下，与同种物质液态处于平衡状态的蒸气所产生的压强叫做饱和蒸气压。

发动机燃料饱和蒸气压的测定，国内外普遍采用雷德法。发动机燃料与其蒸气的体积比为 1:4，在 37.8℃时所测出的汽油蒸气的最大压力，叫做雷德饱和蒸气压。

将经冷却的试样充入蒸气压测定器的汽油室，并将汽油室与 37.8℃ 的空气室相连接。将该测定器浸入恒温浴（37.8℃ ±0.1℃），并定期振荡，直至安装在测定器上的压力表的压力恒定，压力表读数经修正后即为雷德饱和蒸气压。

馏程是反映汽油馏分本身的蒸发性，而饱和蒸气压除反映汽油馏分本身的蒸发性外，还考虑了大气压强和环境温度的影响。汽油饱和蒸气压越高，则汽油含轻质馏分越多，低温下汽油机越容易起动，蒸发性越好。

大气压强越低或环境温度越高，汽油饱和蒸气压也随之提高。但饱和蒸气压不能过高，过高则易产生“气阻”，影响汽油机的正常工作，甚至中断供油，同时汽油储存在油罐、油箱和化油器浮子室中的蒸发损失也要增大。我国规定汽油的饱和蒸气压都是区分不同月份给出的，即从9月1日至2月末和从3月1日至8月末分别限制饱和蒸气压。

饱和蒸气压的测定按《石油产品蒸气压测定法(雷德法)》(GB/T 8017—1987)或《发动机燃料饱和蒸气压测定法(雷德法)》(GB/T 257—1982)的规定进行。

二、汽油抗爆性的评定指标

1. 辛烷值

辛烷值是表示点燃式发动机燃料抗爆性的一个约定数值。在规定条件下的标准发动机试验中，通过与标准燃料进行比较来测定，采用和被测定燃料具有相同抗爆性的标准燃料中异辛烷的体积百分数表示。汽油的抗爆性用辛烷值来表示，汽油辛烷值高，则抗爆性好。

爆震试验装置由一台可变压缩比的单缸汽油机、合适的负载设备和辅助设施及仪表组成。它们都装在一个固定的底座上。单缸机上装有灵敏度很高的爆震传感器和爆燃测量仪，能够准确地测量出爆震强度。

辛烷值测定方法分研究法(RON)和马达法(MON)两种。辛烷值随试验规范的不同而不同，所以说明某种汽油辛烷值的同时，应标明规范的种类。目前，我国采用的是研究法辛烷值。

一种燃料的研究法辛烷值，是指在标准运转条件下，将该燃料与已知辛烷值的参比燃料混合物的爆震倾向相比较而被确定的。具体的做法是借助于改变压缩比并用一个电子爆震表来测量爆震强度而获得标准爆震强度。测定方法主要有内插法和压缩比法两种。

(1)内插法：在压缩比不变的情况下，使试样的爆震表读数在两个参比燃料爆震表读数之间，试样的辛烷值用内插法进行计算。

(2)压缩比法：试样的辛烷值是根据它在标准爆震强度下所需的汽缸高度，从GB 5487—1995中表1或表2中查得。采用这种方法时，参比燃料仅用于标定标准爆震强度。

研究法辛烷值在100或100以下的燃料，是指在标准试验条件下，把试样与已知辛烷值参比燃料的爆震倾向相比较，参比燃料是由异辛烷(辛烷值为100)和正庚烷(辛烷值为0)混合而成的，与试样爆震强度相当的参比燃料中所含异辛烷的体积百分数(精确到一位小数)就是该试样的研究法辛烷值。

研究法辛烷值与全尺寸火花点火式发动机低速运转的抗爆性能相关联。马达法辛烷值则是与全尺寸火花点火式发动机高速运转下的抗爆性能相关联。

上述两种试验方法的辛烷值都是在专门的单缸发动机上，在标准试验条件下，把试样与参比燃料的爆震倾向相比较而测定出来的，它们都不能全面地反映车辆运行中燃料的抗爆性能，因此，提出了计算车辆运行中抗爆性能的抗爆指标——抗爆指数。抗爆指数的经验关系通式如下：

$$抗爆指数 = K_1\mathrm{RON} + K_2\mathrm{MON} + K_3$$

K_1、K_2、K_3为系数，对不同类型的车辆其值是不同的，这与发动机的运转特性和运转条件有关，它们都是通过典型的道路试验来确定的。

一般简化式，采用总车辆数的平均抗爆性能。通常，$K_1 = 0.5$，$K_2 = 0.5$，$K_3 = 0$，即抗爆指数是汽油研究法辛烷值与马达法辛烷值之和的1/2，即：

$$抗爆指数 = \frac{MON + RON}{2}$$

抗爆指数反映一般运行条件下汽油的平均抗爆性。

测定马达法辛烷值的标准是《汽油辛烷值测定法(马达法)》(GB/T 503—1996)和《汽油辛烷值测定法(研究法)》(GB/T 5487—1995)。

2. 提高车用汽油抗爆性的方法

(1)采用二次加工的炼制工艺,以得到含更多高辛烷值烃类组分的车用汽油。如采用催化裂化、催化重整、烷基化、加氢裂化等方法炼制的汽油中,含有较高比例的异构烷烃和芳香烃,可使辛烷值大幅度地提高,一般可达 75 ~ 85 辛烷值(RON)。我国大型炼油厂多采用催化裂化工艺生产车用汽油组分。

(2)加入抗爆添加剂。抗爆剂的种类很多,通常在汽油中添加甲基叔丁基醚(MTBE)和叔丁基醇(TBA)等含氧化合物,用来提高汽油的辛烷值。

三、汽油化学安定性的评定指标

1. 实际胶质

实际胶质是在规定条件下测得的发动机燃料的蒸发残留物,以 mg/100mL 表示。

对于测定车用汽油中胶质贪量的真正意义还未完全确定。但是,胶质含量过高会导致进气系统产生沉积和进气门粘结。在大多数情况下,可以认为胶质含量低能够确保进气系统的安全。

实际胶质指标是判断汽油在使用过程中生成胶质的倾向,测定标准是《燃料胶质含量的测定 喷射蒸发法》(GB/T 8019—2008)。

实验指导

1)方法概要

将 25mL 试样在规定的仪器、温度和空气流条件下蒸发,再把所得的残渣称量,并以 100mL 试样中所含实际胶质毫克数(mg/100mL)表示。

实验所用仪器:实际胶质测定器及其流程图,如图 2-3、图 2-4 所示。

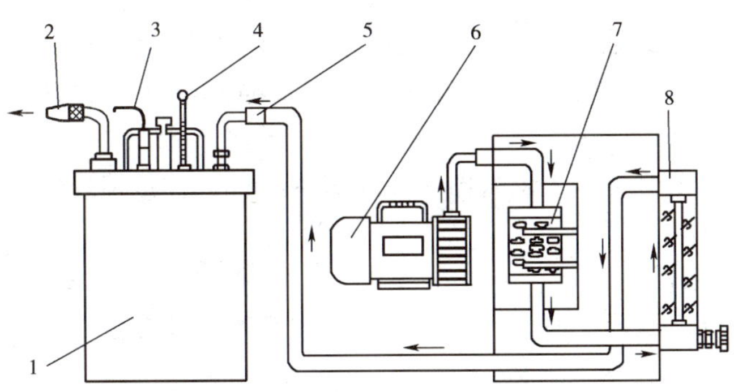

图 2-3 实际胶质测定器流程图

1-油浴;2-透气口;3-温度传感器;4-温度计;5-旋管进口;6-气泵;7-空气滤清器;8-流量计

2)实验所用试剂

(1)苯(或丙酮),化学纯。

(2)乙醇—苯混合液,用 95% 乙醇(化学纯)与苯(化学纯)按 1:4配成。

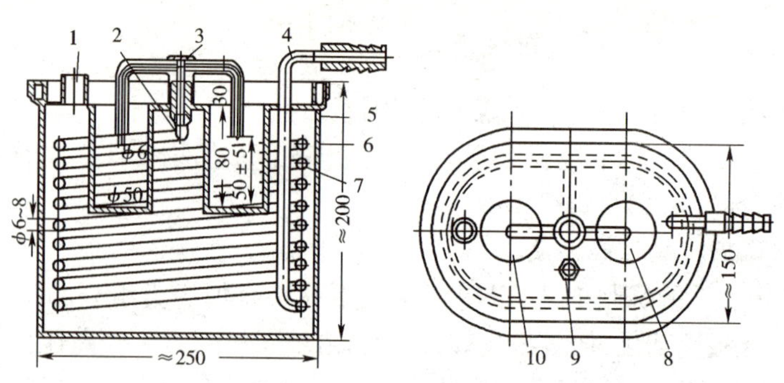

图 2-4　油浴结构示意图

1、9-浴盖上孔；2、4、7-旋管；3-三通管；5-浴盖；6-钢制容器；8、10-凹槽

(3)硫酸钠，化学纯。

3)实验准备

(1)过滤试样。用滤纸过滤试样。如试样含有明显水迹时，应在试样中加入新煅烧的硫酸钠，摇动10～15min后进行过滤。

(2)加热油浴。安装温度计，将油浴预先加热至150℃±3℃；测定煤油时加热到180℃±3℃；测定柴油时加热到250℃±5℃。

(3)恒重空胶质杯。将胶质烧杯仔细用苯或丙酮洗涤干净，烘干15min，冷却30～40min，在分析天平上进行称量。在相同条件下，将胶质烧杯重复干燥、冷却、称量直至恒重，即前后连续两次称量间的差数不超过0.000 4g。

(4)连接仪器。在油浴上、旋管导入空气的一端，通过空气流速计、空气过滤器与空气压缩机连接起来，并检查开关是否灵活，管线接头是否漏气。

4)实验步骤

(1)取样。用量筒或移液管量取25mL试样两份，分别注入已恒重的两个胶质烧杯中，将胶质烧杯放在已加热至规定温度的油浴凹槽内，然后在油浴中央的旋管一端接上三通管，使导管下端距试样液面30mm±5mm。

(2)通入空气。向胶质烧杯中通入空气，空气流速最初为(20±2)L/min。在最初8min内(汽油)或20min内(煤油、柴油)，空气流速应逐渐增加到(55±5)L/min，同时注意勿使试样溅出。保持上述空气流速使试样蒸发完毕。继续通入空气15～20min(汽油和煤油)或30min(柴油)。

(3)称量。将胶质烧杯移入干燥器中冷却30～40min，称量精确到0.000 2g。重复此项操作至每个胶质烧杯恒重为止。

5)实验计算和报告

(1)计算。100mL试样中所含实际胶质X(mg)按下式计算：

$$X=\frac{(m_2-m_1)}{25}\times 100=4(m_2-m_1)$$

式中：m_1——空胶质烧杯的质量，mg；

m_2——胶质和胶质烧杯的质量，mg；

25——试样的体积，mL。

(2)报告。取重复测定两次结果的算术平均值作为试样的实际胶质含量，用整数表示。

实验注意事项：

①胶质烧杯的油浴槽要仔细洗净，且所有与胶质烧杯接触的仪器都必须清洁。

②蒸发浴温度在测定过程中应按规定保持恒温。

③正确控制空气(蒸汽)流速。

④测定实际胶质应用玻璃瓶作采样器和试样瓶，而不要采用金属容器，特别是铜质容器。

⑤迅速、准确进行称量。

⑥测定时所用空气流应洁净，无油污状残余物。

2. 诱导期

诱导期是在规定条件下，油品处于稳定状态所经历的时间周期，以 min 表示。即汽油在压力 689 ~ 703kPa 的氧气中和温度为 100℃ 的试验条件下，未被氧化所经过的时间。诱导期是判断汽油氧化生胶变质倾向的指标。诱导期的测定是在加速氧化条件下测定汽油的氧化安定性。诱导期可用来表示车用汽油在储存时生成胶质的倾向。但是，在不同的储存条件下和对不同的汽油，其诱导期和在储存时生成胶质的相互关系可能有显著差别。

测定汽油诱导期的标准是《汽油氧化安定性测定法(诱导期法)》(GB/T 8018—1987)或《汽油诱导期测定法》(GB/T 256—1990)，分别用于不同规格的汽油。

实验指导：

1)仪器和试剂

(1)仪器。汽油氧化安定性测定器如图 2-5 所示，其中，氧弹组装如图 2-6 所示，玻璃样品瓶和盖子如图 2-7 所示。

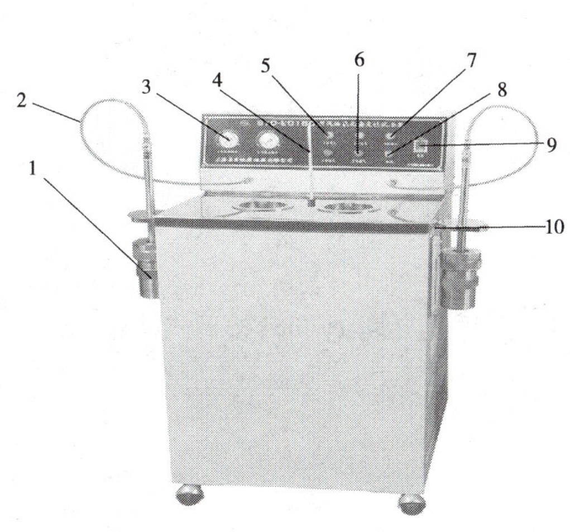

图 2-5　汽油氧化安定性(诱导期)测定仪

1-氧弹；2-氧弹进排气管；3-氧弹压力表；4-温度计；5-氧弹充气开关；6-氧弹排气开关；7-加热开关；8-运行开关；9-电源开关；10-液位计

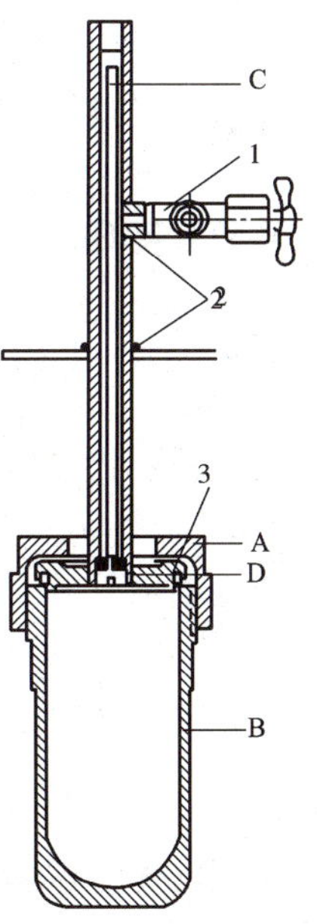

图 2-6　氧弹组装图

1-角阀；2-焊点；3-密封圈；A-锁环；B-氧弹体；C-填杆；D-盖

(2)试剂。甲苯、丙酮均为化学纯。胶质溶剂:用上述等体积甲苯和丙酮混合。

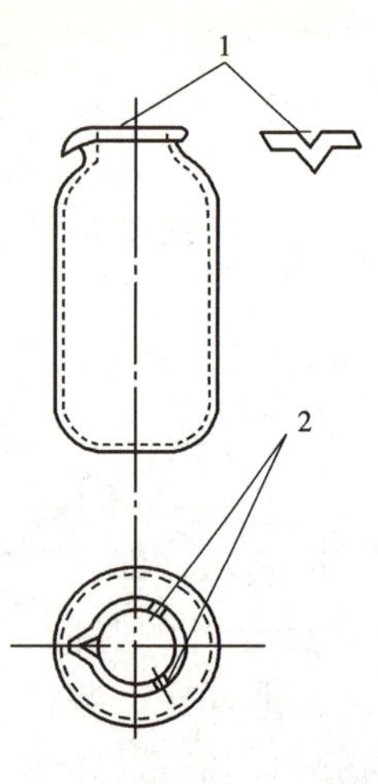

图 2-7　玻璃样品瓶和盖
1-流出口;2-凹槽

2)准备工作

(1)用胶质溶剂洗净样品瓶中的胶质,再用水充分冲洗,并把样品瓶和盖子浸泡在热的去垢剂清洗液中。用不锈钢镊子从清洗液中取出样品瓶和盖子,而且以后只能用镊子持取。先用自来水,再用蒸馏水充分洗涤,最后在 100 ~ 150℃的烘箱中至少干燥 1h。

(2)倒净氧弹里的汽油,先用一块干净的、被胶质溶剂润湿的布,再用一块清洁的干布把氧弹和盖子的内部擦净,用胶质溶剂洗去填杆和弹柄之间环状空间里的胶质或汽油。有时需从弹柄中取出填杆,并仔细地清洗弹柄和填杆;还要清洗所有连接到氧弹的管线。在每次实验开始前,氧弹和所有连接管线都应进行充分干燥。

3)实验步骤

(1)使氧弹和待实验的汽油温度达到 15 ~25℃,把玻璃样品瓶放入弹内,并加入 50mL ±1mL 试样。盖上样品瓶,关紧氧弹,并通入氧气直至表压达到689 ~703kPa 时止。让氧弹里的气体慢慢放出以冲走弹内原有的空气。再通入氧气直至表压达 689 ~703kPa ,并观察泄漏情况 10min 内压力降不超过 6.89kPa,为无泄漏,可进行实验。

(2)将氧弹放入剧烈沸腾的水浴中,应小心,避免摇动,并记录浸入水浴的时间作为试验的开始时间。维持水浴的温度在 98 ~102℃之间。连续记录氧弹内的压力,每隔 15min 或更短的时间记一次压力读数。直至到达转折点(即先出现 15min 内压力降达到 13.8kPa,而在下一个 15min 内压力降不小于 13.8kPa)的一点,记录从氧弹放入水浴直至到达转折点的时间数作为实验温度下的实测诱导期。

(3)先冷却氧弹,然后慢慢地放掉氧弹内的压力,清洗氧弹和样品瓶。

4)实验计算和报告

(1)如果实验温度高于 100℃,则试样 100℃时的诱导期 x(min)按下式计算:

$$x = x_1(1 + 0.101\Delta t)$$

式中:x_1——实验温度下的实测诱导期,min;

Δt——实验温度和 100℃之间的代数差;

0.101——常数。

(2)如果实验温度低于 100℃,则试样 100℃时的诱导期 x(min)按下式计算:

$$x = \frac{x_1}{(1 + 0.101\Delta t)}$$

5)影响因素

(1)实验所用的测定器具符合标准的要求。

(2)氧弹药按照标准要求用氧气冲洗置换一次,第二次灌入的氧气要达到实验规定的压力。

(3)氧弹安装好后,要保证密封,微小的渗漏对测定结果将有较大的影响。

(4)水浴温度必须维持在 98 ~102℃。如果环境气压过低,则允许往水中加入高沸点的液体,如乙二醇、甘油等。

四、汽油腐蚀性的评定指标

1. 水溶性酸或碱

水溶性酸或碱主要是油品中存在的无机酸、低分子有机酸和能溶于水的矿物碱等。

水溶性酸和碱的测定按《石油产品水溶性酸及碱测定法》(GB/T 259—1988)进行,将50mL被测汽油和50mL中性蒸馏水注入分液漏斗中,并摇动5min,然后澄清。待澄清后从分液漏斗下层(水层)分别放入两支10mL试管。然后一支试管中加入3滴甲基橙指示剂,若显红色或玫瑰色,说明汽油中含有水溶性酸。另一支试管中加入3滴酚酞指示剂,若显红色或玫瑰红色,说明汽油中含有水溶性碱。

2. 酸度

汽油中有机酸的含量是用酸度的指标来限制的。所谓酸度,是指中和100mL汽油中的有机酸所需氢氧化钾的毫克数,以mgKOH/100mL表示。

酸度测定的标准是《汽油、煤油、柴油酸度测定法》(GB/T 258—1988)。

3. 硫含量

汽油中的硫含量是指存在于油品中的硫及其衍生物(硫化氢、硫醇、二硫化物)的含量,以质量百分比表示。

测定时按《石油产品硫含量测定法(燃灯法)》(GB/T 380—1988)的规定进行。其基本原理是使被测汽油在燃灯中燃烧,用石油产品含硫量测定器(内装碳酸钠水溶液)吸收燃烧生成的二氧化硫,并用容量分析法计算出硫含量。

4. 铜片腐蚀试验

铜片腐蚀试验是指在规定条件下测试油品对于铜的腐蚀趋向的试验,它是检查汽油中是否含有游离硫化物和活性硫化物的。

将一片已经磨光的铜片浸没在一定量的试油中,并按不同的油品加热到指定的温度(燃油50℃,车辆齿轮油121℃),保持一定时间(多为3h)。待试验结束时,取出铜片,经洗涤后与腐蚀标准色板比较,确定腐蚀级别。腐蚀标准色板分为4级:1级为轻度变色;2级为中度变色;3级为深度变色;4级为腐蚀。

铜片腐蚀试验测定标准是《石油产品铜片腐蚀试验法》(GB/T 5096—1991)。

5. 博士试验

在升华硫存在下,用亚硫酸钠与轻质石油产品作用,以检查油中的硫化氢或硫醇的试验,叫做博士试验。

测定原理是将10mL试样与5mL亚铅酸钠溶液放入带磨口塞的25mL量筒内用力摇动。如果试样中含硫化氢,则生成黑色的硫化铅。

博士试验标准是《芳烃和轻质石油产品硫醇定性试验法(博士试验法)》(SH/T 0174—1992)。

五、汽油清洁性的评定指标

汽油规格规定汽油中不含机械杂质和水分。简易的判断方法是将汽油注入清洁干燥的100mL玻璃量筒中目测,如果油色透明并且没有悬浮物和沉淀物以及水分,则认为合格。

如需精确测定,可按《石油产品水分测定法》(GB/T 260—1988)和《石油产品和添加剂机械杂质测定法(重量法)》(GB/T 511—1988)操作。

第三节　汽油的标准及技术要求

一、我国车用汽油标准

根据《车用汽油》(GB17930—2011)规定,我国车用汽油按研究法辛烷值(RON)分为90号、93号和97号三个牌号。

车用汽油(Ⅲ)的技术要求和试验方法见表2-1,车用汽油(Ⅳ)的技术要求和试验方法见表2-2。

车用汽油(Ⅲ)的技术要求和试验方法　表2-1

项目		质量指标			试验方法
		90号	93号	97号	
抗爆性: 研究法辛烷值(RON) 抗爆指数(RON+MON)/2	 ≥ ≥	 90 85	 93 88	 97 报告	 GB/T 5487 GB/T 503、GB/T 5487
铅含量[①](g/L)	≥	0.005			GB/T 8020
馏程: 10%蒸发温度(℃) 50%蒸发温度(℃) 90%蒸发温度(℃) 终馏点(℃) 残留量(%)(V/V)	 ≤ ≤ ≤ ≤ ≤	 70 120 190 205 2			GB/T 6536
蒸气压(kPa) 11月1日至4月30日 5月1日至10月31日	 ≤ ≤	 88 72			GB/T 8017
实际胶质(mg/100mL)	≤	5			GB/T 8019
诱导期(min)	≥	480			GB/T 8018
硫含量[②](质量分数)(%)	≤	0.015[⑤]			SH/T 0689
硫醇(需满足下列要求之一) 博士试验 硫醇硫含量(%)(m/m)	 ≤	 通过 0.001			 SH/T 0174 GB/T 1792
铜片腐蚀(50℃,3h)(级)	≤	1			GB/T 5096
水溶性酸或碱		无			GB/T 259
机械杂质及水分		无			目测[③]
苯含量[④](%)(V/V)	≤	1.0			SH/T 0174

续上表

项　　目		质量指标			试验方法
		90号	93号	97号	
芳烃含量[5](%)(V/V)	≤	40			GB/T 11132
烯烃含量[5](%)(V/V)	≤	35			GB/T 11132
氧含量(质量分数)(%)	≤	2.7			SH/T 0663
甲醇含量[1](质量分数)(%)	≤	0.3			SH/T 0663
锰含量[6](g/L)	≤	0.016			SH/T 0711
铁含量[1](g/L)	≤	0.01			SH/T 0712

注:①车用汽油中,不得人为加入甲醇以及含铅或含铁的添加剂。

②允许采用 GB/T 380、GB/T 11140、SH/T 0253、SH/T 0742。有异议时,以 SH/T 0689 方法测定结果为准。

③将试样注入 100 mL 玻璃量筒中观察,应当透明,没有悬浮和沉降的机械杂质和水分。有异议时,以 GB/T 511 和 GB/T 260 方法测定结果为准。

④允许采用 SH/T 0693,有异议时,以 SH/T 0713 方法测定结果为准。

⑤对于 97 号车用汽油,在烯烃、芳烃总含量控制不变的前提下,可允许芳烃的最大值为 42%(体积分数)。

⑥锰含量是指以甲基环戊二烯三羰基锰形式存在的总锰的含量,不得加入其他类型的含锰添加剂。

本标准自 2011 年 5 月 12 日实施。

车用汽油(Ⅳ)的技术要求和试验方法　　表 2-2

项　　目		质量指标			试验方法
		90号	93号	97号	
抗爆性:					
研究法辛烷值(RON)	≥	90	93	97	GB/T 5487
抗爆指数(RON+MON)/2	≥	85	88	报告	GB/T 503、GB/T 5487
铅含量[1](g/L)	≥	0.005			GB/T 8020
馏程:					GB/T 6536
10%回收温度(℃)	≤	70			
50%回收温度(℃)	≤	120			
90%回收温度(℃)	≤	190			
终馏点(℃)	≤	205			
残留量(%)(V/V)	≤	2			
蒸汽压[2](kPa)					GB/T 8017
从11月1日至4月30日	≤	42~85			
从5月1日至10月31日	≤	40~68			
实际胶质[2](mg/100mL)	≤	5			GB/T 8019
诱导期[3](min)	≥	480			GB/T 8018
硫含量[4](质量分数)(%)	≤	50[5]			SH/T 0689
硫醇(需满足下列要求之一)					
博士试验		通过			SH/T 0174
硫醇硫含量(%)(m/m)	≤	0.001			GB/T 1792

续上表

项　目		质量指标			试验方法
		90 号	93 号	97 号	
铜片腐蚀(50℃,3h)(级)	≤	1.0			GB/T 5096
水溶性酸或碱		无			GB/T 259
机械杂质及水分		无			目测[6]
苯含量(%)(V/V)	≤	1.0			SH/T 0174
芳烃含量(%)(V/V)	≤	40			GB/T 11132
烯烃含量(%)(V/V)	≤	28			GB/T 11132
氧含量(质量分数)(%)	≤	2.7			SH/T 0663
甲醇含量[5](质量分数)(%)	≤	0.3			SH/T 0663
锰含量[7](g/L)	≤	0.008			SH/T 0711
铁含量(g/L)	≤	0.01			SH/T 0712

注:①车用汽油中,不得人为加入甲醇以及含铅或含铁的添加剂。

②允许采用 GB/T 380、GB/T 11140、SH/T 0253、SH/T 0742。有异议时,以 SH/T 0689 方法测定结果为准。

③允许采用 GB/T11140 和 SH/T 0253,有异议时,以 SH/T 0689 方法测定结果为准。

④将试样注入 100 mL 玻璃量筒中观察,应当透明,没有悬浮和沉降的机械杂质和水分。有异议时,以 GB/T 511 和 GB/T 260 方法测定结果为准。

⑤允许采用 SH/T 0693,有异议时,以 SH/T 0713 方法测定结果为准。

⑥对于 97 号车用汽油,在烯烃、芳烃总含量控制不变的前提下,可允许芳烃的最大值为 42%(体积分数)。允许采用 SH/T 0741,有异议时,以 GB/T 11132 测定结果为准。

⑦锰含量是指以甲基环戊二烯三羰基锰形式存在的总锰的含量,不得加入其他类型的含锰添加剂。

本标准自 2011 年 5 月 12 日实施。本表规定的技术要求过渡期至 2013 年 12 月 31 日。

二、我国车用乙醇汽油(E10)标准

国家质量监督检验检疫总局于 2011 年 1 月 10 日发布了车用乙醇汽油国家标准《车用乙醇汽油(E10)》(GB 18351—2010),本标准适用于在不添加含氧化合物的液体烃类中,加入一定量的变性燃料乙醇以改善使用性能的添加剂组成的车用乙醇汽油(E10)。

车用乙醇汽油(E10)是指在不添加含氧化合物的车用乙醇汽油调和组分油中,加入 10%(体积分数比)的变性乙醇调和而成的用作车用点燃式发动机的燃料。变性燃料乙醇是指加入变性剂后不能饮用,只作燃料用的乙醇。

车用乙醇汽油(E10)按研究法辛烷值(RON)划分为 90 号、93 号和 97 号 3 个牌号。

车用乙醇汽油(E10)的技术要求见表 2-3。

(1)将机械杂质和水分项目单列,并分别列了规定值。

(2)规定了乙醇含量,定为 10% ±2.0%。

(3)增加了“车用乙醇汽油中变性乙醇含量测定法(现场快速法)”作为提示的附录。

(4)较《车用无铅汽油》(GB 17930—1999)牌号增加了 97 号乙醇汽油。

(5)将其他含氧化合物由“未检出”改为不大于 0.1%。

(6)将水含率由 0.15% 改为 0.2%。

车用乙醇汽油(E10)技术要求(GB 18351—2010)　　表 2-3

项　目		质量指标			试验方法
		90 号	93 号	97 号	
抗爆性:					
研究法辛烷值(RON)	≥	90	93	97	GB/T 5487
抗爆指数(RON + MON)/2	≥	85	89	报告	GB/T 503、GB/T 5487
铅含量[①](g/L)	≥	0.005			GB/T 8020
馏程:					GB/T 6536
10% 回收温度(℃)	≤	70			
50% 回收温度(℃)	≤	120			
90% 回收温度(℃)	≤	190			
终馏点(℃)	≤	205			
残留量(%)(V/V)	≤	2			
蒸汽压(kPa)					GB/T 8017
从 11 月 1 日 ~4 月 30 日	≤	88			
从 5 月 1 日 ~10 月 31 日	≤	72			
实际胶质(mg/100mL)	≤	5			GB/T 8019
诱导期[②](min)	≥	480			GB/T 8018
硫含量[③](%)(m/m)	≤	0.015[④]			GB/T 0689
硫醇(需满足下列要求之一)					
博士试验		通过			SH/T 0174
硫醇硫含量(%)(m/m)	≤	0.001			GB/T 1792
铜片腐蚀(50℃,3h)(级)	≤	1			GB/T 5096
水溶性酸或碱		无			GB/T 259
机械杂质		无			目测[⑤]
水分(%)(m/m)	≤	0.2			SH/T 0246
乙醇含量(%)(V/V)		10.0 ±2.0			SH/T 0663
其他含氧化合物(%)(V/V)	≤	0.5			SH/T 0663
苯含量(%)(V/V)	≤	1.0			SH/T 0693
芳烃含量(%)(V/V)	≤	40			GB/T 11132
烯烃含量(%)(V/V)	≤	30			GB/T 11132
锰含量[⑥](g/L)	≤	0.016			SH/T 0711
铁含量(g/L)	≤	0.010			SH/T 0712

注:①车用乙醇汽油(E10)中,不得加入其他有机含氧化合物以及含铅或含铁的添加剂。

②允许采用 GB/T 0794,有异议时,以 GB/T 8017 方法测定结果为准。

③允许采用 GB/T 11140 和 SH/T 0253,有异议时,以 SH/T 0689 方法测定结果为准。

④允许采用 SH/T 0713,有异议时,以 SH/T 0693 方法测定结果为准。

⑤对于 97 号车用乙醇汽油(E10),在烯烃、芳烃总含量控制不变的前提下,可允许芳烃的最大值为 42%(体积分数)。允许采用 SH/T 0741,有异议时,以 GB/T 11132 方法测定结果为准。

⑥锰含量是指车用乙醇汽油(E10)中以甲基环戊二烯三羰基锰形式存在的总锰的含量,不得加入其他类型的含锰添加剂。

本标准自 2011 年 7 月 1 日起实施。

第四节 汽油的选择

车用汽油的使用应做到以下几点：

(1)按汽车的使用说明书规定选用汽油牌号。一般原则是，压缩比在7.0~8.0之间，应选用90(RON)号汽油或乙醇汽油(E10)；压缩比在8以上，则应选用(RON)93~97(RON)号汽油或乙醇汽油(E10)。

(2)在汽油的供应上，若一时不能满足需要时，可以用牌号相近的汽油或乙醇汽油暂时代用，但必须对汽油机进行适当的调整。用辛烷值较低的汽油代替辛烷值较高的汽油或乙醇汽油时，应适当推迟点火提前角；相反，用辛烷值较高的汽油代替辛烷值较低的汽油或乙醇汽油时，则应适当提前点火。

(3)装有三元催化转换器和氧传感器的汽车尽量选择铅含量低的汽油。

(4)推广使用加入有效汽油清净剂的无铅汽油。

(5)注意无铅汽油低硫含量、低烯烃含量的发展趋势。

(6)注意汽油质量是影响汽车技术状况和汽车排放的重要因素。

(7)区分季节选择汽油的蒸发性。冬季应选择蒸汽压较大的汽油，夏季应选择蒸汽压较小的汽油。

1. 汽油的使用性能有哪些？各种性能的评定指标是什么？

2. 解释：辛烷值，研究法辛烷值，抗爆指数。

3. 什么叫做馏程？10%蒸发温度、50%蒸发温度、90%蒸发温度对发动机性能有何影响？

4. 我国现行的车用无铅汽油标准是如何划分牌号的？

5. 什么是车用乙醇汽油(E10)？

6. 如何选择车用汽油？

第三章 普通柴油

柴油与汽油相比，密度较大，易自燃，蒸发性差，不容易形成均匀的可燃混合气。

由于柴油机可燃混合气在燃烧室内形成，采取压燃式发火方式，可燃混合气的形成与燃烧过程与汽油机不同，所以，对柴油使用性能的要求也不一样。显然，柴油的使用性能对于保证柴油机正常工作具有重要意义。

在柴油使用性能中，较为重要的性能是柴油的燃烧性和低温流动性。

第一节 普通柴油的使用性能

一、低温流动性

柴油的低温流动性是指柴油在低温条件下具有一定流动状态的性能。柴油中的烃分子一般含16～23个碳原子，其中一部分为石蜡，通常在柴油中呈溶解状态存在。当温度降低时，石蜡开始结晶析出，形成石蜡结晶网络，这种网络延展到全部柴油中，使液体流动阻力增加，甚至失去流动性。柴油的低温流动性不仅关系到柴油机供给系在低温下能否正常供油，而且与柴油在低温下的储存、运输、倒装等作业能否正常进行都有着密切的关系。特别在我国东北、西北、华北地区，由于冬季气候严寒，柴油的流动性差，当柴油的供应和选用不当时，柴油机油泵往往不能可靠地将柴油供给汽缸，严重时将造成车辆无法行驶。因此，柴油应有较好的低温流动性。

评定柴油低温流动性的指标是凝点、浊点和冷滤点等。我国只采用凝点和冷滤点。柴油的凝点、浊点或冷滤点越低，其低温流动性越好。

二、雾化和蒸发性

柴油机为了保证动力性和经济性，可燃混合气燃烧过程必须在活塞位于压缩行程上止点附近迅速完成。要求喷油持续时间极为短促，只有15°～30°的曲轴转角，可燃混合气形成时间只有汽油机的1/30～1/20，在已定的燃烧室和喷油设备条件下，柴油的雾化和蒸发性决定了混合气形成的质量和速度。因此，要求柴油有较强的雾化和蒸发性。但是，柴油雾化和蒸发性过强，会使储存和运输中蒸发损失过大，而且安全性差。

评定柴油雾化和蒸发性的主要指标是运动黏度、馏程、闪点和密度。

三、发火性

柴油的发火性是指其自燃能力。发火性良好的柴油，其自燃点低，在发火延迟期内，燃烧室的局部易于形成高密度的过氧化物，成为发火中心，故发火延迟期短，整个燃烧过程发热均匀，汽缸压力升高平缓，最高压力也较低。

评定柴油发火性的指标是十六烷值。十六烷值越高，柴油的自燃点越低。

四、腐蚀性

柴油中若含有硫和硫化物、水分及酸性物质，既对零件产生腐蚀作用，又会促进柴油机沉积物的生成。所以要求柴油应无腐蚀性。

评定柴油的腐蚀性指标是硫含量、硫醇硫含量、酸度和铜片腐蚀试验等。

五、安定性

安定性是指柴油的储存安定性和热安定性。

柴油的储存安定性是指柴油在储存、运输过程中保持其外观颜色、组成和性能不变的能力。安定性差的柴油，最明显的表现是颜色变深和生成胶质。使用颜色变深的柴油，易导致滤清器堵塞、喷油器喷孔被黏结甚至堵死、活塞组零件表面形成积炭和漆状沉积物，影响柴油机的正常工作。

柴油的热安定性是指在高温及溶解氧的作用下，柴油发生变质的倾向。夏季油箱中的温度很高，柴油进入供油系统受柴油机温度影响，温度会进一步提高。另外，在汽车行驶时，油箱中的柴油不断地振荡，加剧了柴油与空气的混合，使柴油溶解的氧气达饱和程度。在这种条件下，柴油中的不安定组分就会在金属的催化作用下，急剧地氧化而生成氧化缩合物；在喷油器的针阀上生成漆状沉积物，将会造成针阀黏滞，或形成积炭，使喷雾恶化，甚至中断供油。这些生成物在喷油嘴上、燃烧室壁、气门和活塞环处生成积炭，将使柴油机磨损加剧。影响柴油安定性的主要因素是柴油中所含的不安定组分，主要是二烯烃、烯烃等不饱和烃。柴油的馏分过重，环烷芳烃和胶质含量增加，安定性变差。

评定柴油安定性的指标是碘值、色度、氧化安定性、实际胶质和10%蒸余物残炭。

六、清洁性

柴油机燃料供给系中的精密偶件需要柴油润滑，若柴油中混入坚硬的杂质，就会堵塞油路并使柴油机机件产生磨料磨损。同样，水分的存在也能增加硫化物对金属零件的腐蚀作用。

评定柴油清洁性的指标是水分、灰分和机械杂质。

第二节　普通柴油使用性能的评定指标

一、低温流动性的评定指标

1. 凝点

柴油的凝点是指在一定的试验条件下，冷却到液面不流动时的最高温度。我国柴油的牌号就是按凝点来划分的。

凝点的测定标准是《石油产品凝点测定法》(GB/T 510—1991)。

2. 浊点

柴油中开始析出石蜡晶体使柴油失去透明时的最高温度称为柴油的浊点。柴油达到浊点后虽未失去流动性，但是，在燃料供给系中容易造成油路堵塞，使供油量减少，以致逐步中断供油。显然，浊点不是柴油使用的最低温度。

浊点的测定标准是《石油产品浊点测定法》（GB/T 6986—1991）。

3. 冷滤点

尽管浊点、凝点两个指标的测定比较方便，但结果与柴油的低温使用性能要求差异较大，没有直接的对应关系，尤其对添加降凝剂的柴油，更难确定最低使用温度。所以，我国根据普通柴油国际标准引入了冷滤点这一指标。

柴油的冷滤点是指试样在规定条件下冷却，当试样不能流过过滤器，或 20mL 试样流过过滤器的时间大于 60s，或试样不能完全流回试杯时的最高温度，以℃（按 1℃的整数）表示。

方法概要：试样在规定条件下冷却，通过可控的真空装置，使试样通过标准滤网的过滤器（SH/T 0248—2006 规定的过滤器）被吸入吸量管。试样每低于前次温度 1℃，即重复此步骤，直至试样中蜡状结晶析出量足够使流动停止或流速降低，记录试样充满吸量管的时间超过 60s 或不能完全返回到试杯时的温度，以此作为试样的冷滤点。

由于柴油的冷滤点通常接近于使用中的断油温度，除非对于在燃料供应系统安装了滤纸过滤器的馏分燃料或是燃料的冷滤点低于浊点至少 12℃的情况。冷滤点可用来评估燃料系统中燃料正常流动的最低温度。所以冷滤点可作为根据气温选用柴油牌号的依据。

柴油冷滤点的测定标准是《柴油和民用取暖油冷滤点测定法》（SH/T 0248—2006）。

二、雾化和蒸发性的评定指标

1. 运动黏度

当液体受外力作用时，液体分子间发生相对运动所呈现的内部摩擦力，叫做黏性，对黏性的度量称为黏度。运动黏度是液体在重力作用下流动时对内摩擦力的量度，其值为相同温度下液体的动力黏度与其密度之比，在国际单位制中以 m^2/s 为单位。对汽车油品来说，通常采用 mm^2/s（$1mm^2/s = 10^{-6}m^2/s$）。柴油规格中要求测定 20℃的运动黏度。

运动黏度不仅影响柴油的流动性，更主要的是影响柴油的雾化质量。现代高速柴油机，柴油通过喷油器的高压喷射，使喷入燃烧室的柴油被粉碎成数以百万计的细小雾滴。雾滴的平均直径越小，说明柴油被雾化得越好。实践证明，柴油被雾化的雾滴直径与柴油的黏度成正比。黏度过高会降低雾化的细度，使雾化质量变差。但黏度又不宜过低，否则，喷入燃烧室内的柴油喷注射程短，喷注的锥角大，喷入的柴油没有足够的贯穿深度，将会影响混合气的形成品质和燃烧，使燃烧在喷油器喷口处进行，而不能利用燃烧室内的全部空气，导致燃烧不完全，柴油机功率下降。同理，黏度过小又会影响精密耦合件的可靠润滑，引起机件磨损加剧。所以在柴油的规格中，对每种牌号柴油的运动黏度都规定了一个范围值。

运动黏度的测定标准是《石油产品运动黏度测定法》（GB/T 265—1988）。

2. 馏程

柴油馏程采用 50% 蒸发温度、90% 蒸发温度和 95% 蒸发温度。

50% 蒸发温度越低，说明柴油轻质馏分多，蒸发速度就快，柴油机就越易起动。柴油 50% 蒸发温度同起动时间的关系见表 3-1。

柴油 50%蒸发温度同起动时间的关系

表 3-1

柴油 50%蒸发温度(℃)	200	225	250	275	285
柴油机的起动时间(s)	8	10	27	60	90

90%蒸发温度和 95%蒸发温度越低,说明柴油中重质馏分越少,混合气燃烧越完全,不仅有利于提高柴油机的动力性,减少机械磨损,而且可以避免柴油机过热,降低燃油消耗。

柴油馏程的测定标准是《石油产品蒸馏测定法》(GB/T 6535—1997)。

3. 闪点

闪点是石油产品在规定条件下加热,其蒸气与周围空气形成的混合气接触火焰发生瞬间闪火时的最低温度。

闪点根据测定仪器的不同,有开口闪点和闭口闪点两种。用规定的闭口杯闪点测定器所测得的闪点,叫做闭口闪点。闭口闪点用于低闪点的油品,如柴油。用规定的开口杯闪点测定器所测得的闪点,叫做开口闪点。开口闪点用于高闪点的油品,如发动机油、车辆齿轮油等。

闪点不仅是表示柴油蒸发性的指标,也是表示柴油使用安全性的指标。闪点低,说明柴油中轻质馏分多,蒸发性好。但闪点不能过低,以防止轻馏分过多,蒸发过快,造成汽缸压力突然上升,引起柴油机工作粗暴,并且在使用中也不安全。

柴油闪点的测定标准是《石油产品闪点测定法(闭口杯法)》(GB/T 261—1983)。

4. 密度

柴油的密度与柴油的实用性能有较大的关系。柴油的密度过大,将使其雾化的质量变差,从而使汽缸中的混合气形成不均匀,难以形成良好的混合气,导致燃烧条件差,排气冒黑烟。同时,柴油的密度增大,意味着芳香烃含量较多,将导致柴油机在工作中产生粗暴现象。

柴油密度的测定标准是《石油和液体石油产品密度测定法(密度计法)》(GB/T 1184—1983)。

三、发火性的评定指标

通过对柴油机燃烧过程的分析可知,当发火延迟期延长时,喷入汽缸的柴油聚积量将增多,发火前形成的混合气数量将增加。这样,一开始发火就有过量的柴油参加燃烧,从而使在速燃期内汽缸内气体的压力升高率超过了正常值,将会引起柴油机工作粗暴。

影响发火延迟期的因素很多,但就柴油本身来说,主要取决于它的十六烷值。

1. 十六烷值

柴油的十六烷值是表示柴油在柴油机中燃烧时发火性能的指标。测定十六烷值时,燃料在一个标准试验发动机内,在控制燃料流速、喷油时间和压缩比的条件下,测定发火滞后期。

方法概要:在试验发动机的标准操作条件下,将发火性质与已知十六烷值的标准燃料混合物的发火性质进行比较来测定。采用和被测定燃料具有相同发火滞后期的标准燃料中正十六烷的体积百分数表示。

测定十六烷值用的标准燃料是由两种燃烧性相差悬殊的烃掺配而成的。一种是燃烧性好的正十六烷($C_{16}H_{34}$),规定其十六烷值为 100;另一种是燃烧性差的 α-甲基萘($C_{11}H_{10}$),规定其十六烷值为 0。将两种燃料按不同比例混合,得到十六烷值从 0 ~ 100 之间的标准燃料。

实际测定中使用的正标准燃料通常是正十六烷(n-centane)和七甲基壬烷(HMN)及其按体积比配制的混合物。规定正十六烷的十六烷值为100;七甲基壬烷的十六烷值为15。

正标准燃料十六烷值=100×正十六烷的体积分数+15×七甲基壬烷的体积分数

十六烷值高的柴油,其自燃点低,当柴油喷入燃烧室时,在高温、高压下容易形成密集度很高的过氧化物,进一步形成火焰中心,故发火滞后期短。因此,在发火滞后期内喷入柴油的量就不会过多,使速燃期内燃气的压力升高率不会过大,柴油机的工作状态比较平稳,不会产生工作粗暴现象。反之,十六烷值低的柴油在工作过程中,由于发火滞后期长,极易产生工作粗暴。

十六烷值除了影响柴油机工作粗暴以外,对柴油机的起动性也有一定影响。

除了十六烷值,有时还用十六烷值指数评定柴油的燃烧性。十六烷值指数是通过测定车用柴油的50%馏分温度和密度,利用经验公式计算得出的十六烷值。计算公式如下:

$$十六烷值=162.42\frac{\log t_{50}}{\rho_{20}}-418.51$$

式中:t_{50}——试验车用柴油50%馏分温度,℃;

ρ_{20}——试验车用柴油20℃的密度,g/cm^3。

2. 十六烷值的测定标准

十六烷值的测定标准是《柴油十六烷值测定法》(GB/T 386—2010)。

四、腐蚀性的评定指标

评定柴油腐蚀性指标的项目、概念和测定标准都与汽油相同。在此只强调硫和硫醇硫含量。

1. 硫含量

柴油中的硫含量较汽油中的硫含量高,我国柴油的品级主要是根据硫含量划分的。硫含量不仅会增加柴油机机件的磨损(图3-1),还会使柴油的沉积物增加,加速发动机润滑油的劣化变质。当使用硫含量高的柴油时,发动机润滑油的性能级别要相应提高一级。

2. 硫醇硫含量

硫醇硫含量用其在柴油中所占的质量百分比表示。硫醇硫含量高会增加柴油机机件的磨损,特别是供给系零件的磨损(图3-2),并对人造橡胶构件有不良影响。

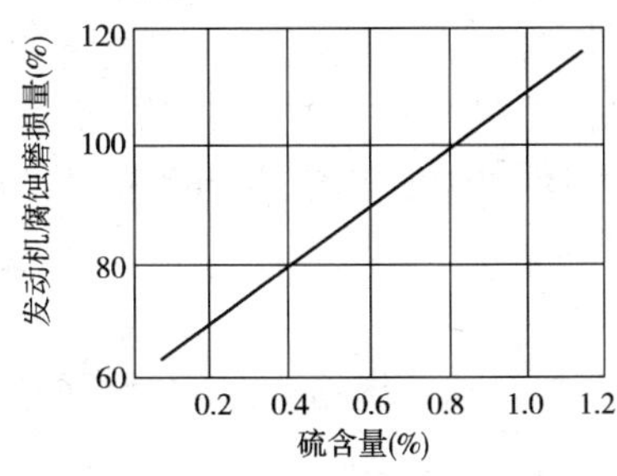

图3-1 柴油硫含量对柴油机磨损

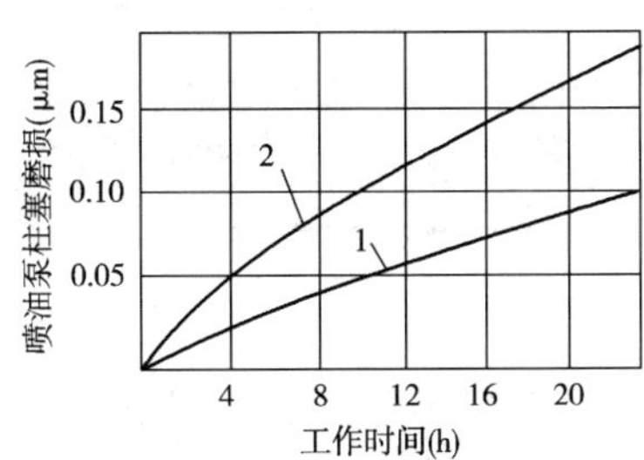

图3-2 柴油的硫醇硫含量对喷油泵柱塞副腐蚀磨损的影响

1-硫醇硫含量低的柴油;2-硫醇硫含量为0.025%的柴油

五、普通柴油安定性的评定指标

1. 碘值

为了增加柴油的产量，商品柴油多是直馏柴油与裂化柴油组成的调和柴油，因而必须控制不饱和烃的含量，其控制指标为碘值。以碘的乙醇溶液与试样产生作用后，用硫代硫酸钠溶液滴定剩余的碘，以100g试样所能吸收碘的克数表示碘值。再根据碘值的平均分子量计算出试样中不饱和烃的含量。测定时，按《轻质石油产品碘值和不饱和烃含量测定法(碘乙醇法)》(SH/T 0234—1992)的规定进行。

2. 色度

柴油颜色的深浅(用色号表示)可直观反映其馏分的轻重和安定性的好坏。测定方法按《石油产品颜色测定法》(GB/T 6540—1991)的规定进行，将试样注入试样容器中，用一个标准光源照射，将试样的颜色与标准的比色板(颜色玻璃圆片)进行比较，相等的色号即为试样的色号。标准色板从0.5~8.0共16个色号(每0.5为一级)，颜色从浅到深。柴油的色号要求不深于3.5号。

3. 氧化安定性

氧化安定性是指100mL柴油在规定条件下所形成总不溶物的毫克数，以mg/100mL表示。测定时按《馏分燃料油氧化安定性测定法(加速法)》(SH/ T 0175—2004)的规定进行。

4. 实际胶质

实际胶质的概念和测定标准与汽油相同。

5. 10%蒸余物残炭

在柴油的馏程试验中，以馏出90%以后的蒸余物作为试样，所测得的油品在裂解中所形成的残余物，用质量百分数表示，叫做10 %蒸余物残炭。测定时按《石油产品残炭测定法(康氏法)》(GB/T 268—1987)的规定进行，把称重的试样置于残炭测定仪的坩埚内，进行加热分解蒸馏。在规定的加热时间结束后，将盛有炭质残余物的坩埚置于干燥器内冷却并称重，计算其质量百分数，即为10 %蒸余物残炭。

10%蒸余物残炭与柴油的馏分和精制程度有关。馏分轻，精制程度深，则残炭值小，在柴油机燃烧室中生成积炭的倾向就小。国家有关标准中规定，10%蒸余物残炭一般不大于0.3%。

六、普通柴油清洁性的评定指标

1. 灰分

不能燃烧的机械杂质和溶于燃料中的有机酸、无机酸和盐类，经过煅烧后所剩余的物质，叫做灰分。这些物质沉积在燃烧室中起磨料作用，会加快汽缸壁与活塞环的磨损。所以国家有关标准对商品柴油规定灰分不大于0.01% ~0.02%。

2. 水分和机械杂质

柴油中含有水分过多时，不仅在冬季会冻冰引起供油系统堵塞，还会加强有机酸对金属的腐蚀，所以应当严格控制。

柴油中含有机械杂质，除引起供油系统堵塞外，还将加剧喷油泵的柱塞和柱塞套、喷油器针阀与针阀座等精密偶件的磨损，甚至造成喷油泵柱塞和喷油器的针阀卡死。因此，柴油中绝不允许存在机械杂质。

水分和机械杂质的测定标准与汽油相同。

第三节　普通柴油的规格

目前,我国的柴油分为石油柴油和生物调和柴油。

一、石油柴油

石油柴油是指由石油制取的,或加有添加剂的烃类液体燃料。

石油柴油规格根据《普通柴油》(GB 252—2011)规定(表 3-2),质量水平只有一个档次,不分等级,按凝点分为 10、5、0、-10、-20、-35 和 -50 共 7 个牌号。

石油普通柴油规格(GB 252—2011)　　表 3-2

项　目	10 号	5 号	0 号	-10 号	-20 号	-35 号	-50 号	试验方法
色度(号)　≤	3.5							GB/T 6540
氧化安定性,总不溶物(mg/100mL)　≤	2.5							SH/T 0175
硫含量[①](%)(m/m)　≤	0.2(2013 年 6 月 30 日以前) 0.035(2013 年 7 月 1 日开始)							SH/T 0689
酸度(mgKOH/100mL)　≤	7							GB/T 258
10%蒸余物残炭[②](%)(m/m)　≤	0.3							GB/T 268
灰分(%)(m/m)　≤	0.01							GB/T 508
铜片腐蚀(50℃,3h)(级)　≤	1							GB/T 5096
水分[③](%)(V/V)　≤	痕迹							GB/T 260
机械杂质[③]	无							GB/T 511
运动黏度(mm^2/s)	3.0~8.0				2.5~8.0	1.8~7.0		GB/T 265
凝点(℃)　≤	10	5	0	-10	-20	-35	-50	GB/T 510
冷滤点(℃)　≤	12	8	4	-5	-14	-29	-44	SH/T 0248
闪点(闭口)(℃)　≥	55					45		GB/T 261
十六烷值[④]　≥ 十六烷指数	45 43							GB/T 386 GB/T 0694
馏程: 50%回收温度(℃)　≤ 90%回收温度(℃)　≤ 95%回收温度(℃)　≤	300 355 365							GB/T 6536
密度(20℃)[⑤](kg/m^3)	报告							GB/T 1884 和 GB/T 1885

注:①测定方法也包括用 GB/T 380、GB/T 11140 和 GB/T 17040 方法测定。结果有争议时,以 SH/T 0689 方法为准。

②若普通柴油中含有硝酸酯型十六烷值改进剂,10%蒸余物残炭的测定,应用不加硝酸酯的基础燃料进行。柴油中是否含有硝酸酯型十六烷值改进剂的检验方法见本标准附录 A。可用 GB/T 17144 方法测定。结果有争议时,以 GB/T 268 方法为准。

③包括用目测法,即将试样注入 100mL 玻璃量筒中,在室温(20℃ ±5℃)下观察,应当透明,没有悬浮和沉降的水分及机械杂质。结果有争议时按 GB/T 260 或 GB/T 511 方法测定。

④由中间基或环烷基原油生产的各牌号普通柴油的十六烷值允许不小于40(有特殊要求者由供需双方确定),可用 GB/T 11139 或 SH/T 0694 方法计算。结果有争议时,以 GB/T 386 方法为准。

⑤也包括 SH/T 0604 方法,结果有争议时,以 GB/T 1884 和 GB/T 1885 方法为准。

二、生物柴油调和燃料

生物柴油是指由动植物油脂与醇(例如甲醇或乙醇)经脂交换反应制得的脂肪酸单烷

基脂，最典型的为脂肪酸甲脂（FAME），以 BD100 表示。生物柴油（BD100）应满足 GB/T 20828 的技术要求。

生物柴油调和燃料按用途分为 B5 轻柴油和 B5 车用柴油两个类别。B5 轻柴油是2% ~ 5%（体积分数）生物柴油（BD100）与 95% ~98%（体积分数）石油柴油的调和燃料，适用于 GB 252 所适用的压燃式发动机；B5 车用柴油是 2% ~5%（体积分数）生物柴油（BD100）与 95% ~98%（体积分数）石油柴油的调和燃料，适用于 GB 19147 所适用的压燃式发动机。

B5 轻柴油按凝点分为 4 个牌号，B5 车用柴油按凝点分为 3 个牌号（无 10 号）。

10 号：适用于风险率为 10% 的最低气温在 12℃以上的地区使用。

5 号：适用于风险率为 10% 的最低气温在 8℃以上的地区使用。

0 号：适用于风险率为 10% 的最低气温在 4℃以上的地区使用。

－10 号：适用于风险率为 10% 的最低气温在 －5℃以上的地区使用。

可参考各地区风险率为 10% 的最低气温，使用不同牌号的生物柴油调和油。

B5 轻柴油的技术要求和试验方法见表 3-3。B5 车用柴油的技术要求和试验方法见表 3-4。

B5 轻柴油技术要求和试验方法 表 3-3

项 目		10 号	5 号	0 号	－10 号	试验方法
氧化安定性，总不溶物（mg/100mL）	≤	2.5				SH/T 0175
硫含量（质量分数）（%）	≤	0.15				GB/T 380①
酸值（以 KOH 计）（mg/g）	≤	0.09				GB/T 7304②
10% 蒸余物残炭③（质量分数）（%）	≤	0.3				GB/T 17144
灰分（质量分数）（%）	≤	0.01				GB/T 508
铜片腐蚀（50℃，3h）（级）	≤	1				GB/T 5096
水分（质量分数）（%）	≤	0.035				GB/T 0246
机械杂质		无				GB/T 511④
运动黏度（20℃）（mm^2/s）		3.0 ~8.0				GB/T 265
闪点（闭口）（℃）	≥	55				GB/T 261
冷滤点（℃）	≤	12	8	4	－5	SH/T 0248
凝点（℃）	≤	10	5	0	－10	GB/T 510
十六烷值	≥	45⑤				GB/T 386
密度（20℃）（kg/m^3）		报告				GB/T 1884 GB/T 1885⑥
馏程：						GB/T 6536
50% 回收温度（℃）	≤	300				
90% 回收温度（℃）	≤	355				
95% 回收温度（℃）	≤	365				
生物柴油（脂肪酸甲脂 FAME）含量（体积分数）（%）		2 ~5				GB/T 23801⑦

注：①可用 GB/T 11131、GB/T 17040、SH/T 0253 和 SH/T 0689 方法测定。结果有争议时，以 GB/T 380 方法为准。

②可用 GB/T264 方法测定。结果有争议时，以 GB/T 7304 方法为准。

③若柴油中含有硝酸酯型十六烷值改进剂，10% 蒸余物残炭的测定，必须用不加硝酸酯的基础燃料进行。柴油中是否含有硝酸酯型十六烷值改进剂的检验方法见本标准附录 A。可用 GB/T 268 方法测定。结果有争议时，以 GB/T 17144 方法为准。

④可用目测法，即将试样注入 100mL 玻璃量筒中，在室温（20℃ ±5℃）下观察，应当透明，没有悬浮和沉降的水分及机械杂质。结果有争议时按 GB/T 260 或 GB/T 511 测定。

⑤由中间基或环烷基原油生产的石油调和油 B5 轻柴油的十六烷值允许不小于 40（有特殊要求者由供需双方确定）。

⑥可用 SH/T 0604、GB/T 2540 方法测定。结果有争议时，以 GB/T 1884 和 GB/T 1885 方法为准。

⑦可用 ASTMD 7371 方法测定。结果有争议时，以 GB/T 23801 方法为准。

B5 车用柴油技术要求和试验方法 表 3-4

项　　目		5 号	0 号	-10 号	试验方法
氧化安定性，总不溶物(mg/100mL)	≤	2.5			SH/T 0175
硫含量(质量分数)(%)	≤	0.035			GB/T 0689①
酸值(以 KOH 计)(mg/g)	≤	0.09			GB/T 7304②
10% 蒸余物残炭③(质量分数)(%)	≤	0.3			GB/T 17144
灰分(质量分数)(%)	≤	0.01			GB/T 508
铜片腐蚀(50℃，3h)(级)	≤	1			GB/T 5096
水分(质量分数)(%)	≤	0.035			GB/T 0246
机械杂质		无			GB/T 511④
运动黏度(20℃)(mm^2/s)		3.0~8.0			GB/T 265
闪点(闭口)(℃)	≥	55			GB/T 261
冷滤点(℃)	≤	8	4	-5	SH/T 0248
凝点(℃)	≤	5	0	-10	GB/T 510
十六烷值	≥	49⑤			GB/T 386
密度(20℃)(kg/m^3)		810~850			GB/T 1884 GB/T 1885⑤
馏程：					GB/T 6536
50% 回收温度(℃)	≤	300			
90% 回收温度(℃)	≤	355			
95% 回收温度(℃)	≤	365			
润滑性(HFRR)，磨痕直径(60℃)(μm)		460			SH/T 0765
生物柴油(脂肪酸甲脂 FAME)含量(体积分数)(%)		2~5			GB/T 23801⑥
多环芳烃(质量分数)(%)		11			SH/T 0606⑦

注：①可用 GB/T 380、GB/T 11140、GB/T 17040 和 SH/T 0253 方法测定。结果有争议时，以 SH/T 0689 方法为准。

②可用 GB/T264 方法测定。结果有争议时，以 GB/T 7304 方法为准。

③若柴油中含有硝酸酯型十六烷值改进剂，10% 蒸余物残炭的测定，必须用不加硝酸酯的基础燃料进行。柴油中是否含有硝酸酯型十六烷值改进剂的检验方法见本标准附录 A。可用 GB/T 268 方法测定。结果有争议时，以 GB/T 17144 方法为准。

④可用目测法，即将试样注入 100mL 玻璃量筒中，在室温(20℃ ±5℃)下观察，应当透明，没有悬浮和沉降的水分及机械杂质。结果有争议时可按 GB/T 511 方法测定。

⑤可用 SH/T 0604、GB/T 2540 方法测定，结果有争议时，以 GB/T 1884 和 GB/T 1885 方法为准。

⑥可用 ASTMD 7371 方法测定，结果有争议时，以 GB/T 23801 方法为准。

⑦可用 SH/T 0806 方法测定，结果有争议时，以 SH/T 0606 方法为准。

第四节　普通柴油的选择

柴油牌号的选择，以保证其使用的最低气温高于柴油冷滤点为原则。为了安全起见，GB 252—2000 规定了各地区风险率为 10% 的最低气温(表 3-5)。它由我国 152 个气象台、站，从 1961~1980 年逐日自最高(低)气温记录分析得出。某月风险率为 10% 的最低气温值,表示该月中量低气温低于该值的概率为0.1,或者说该月中最低气温高于该值的概率为0.9。

各牌号柴油一般可按照下列情况选用。

10号普通柴油:适合于有预热设备的柴油机。

5号普通柴油:适合于风险率为10%的最低气温8℃以上的地区使用。

0号普通柴油:适合于风险率为10%的最低气温4℃以上的地区使用。

-10号普通柴油:适合于风险率为10%的最低气温中-5℃以上的地区使用。

-20号普通柴油:适合于风险率为10%的最低气温中-14℃以上的地区使用。

-35号普通柴油:适合于风险率为10%的最低气温中-29℃以上的地区使用。

-50号普通柴油:适合于风险率为的最低气温中-44℃以上的地区使用。

部分地区风险率为10%的最低气温(℃) 表3-5

地　区	一月	二月	三月	四月	五月	六月	七月	八月	九月	十月	十一月	十二月
河北省	-14	-13	-5	1	8	14	19	17	9	1	-6	-12
山西省	-17	-16	-8	-1	5	11	15	13	6	-2	-9	-16
内蒙古自治区	-43	-42	-35	-21	-7	-1	4	1	-8	-19	-32	-41
黑龙江省	-44	-42	-35	-20	-6	1	7	4	-6	-20	-35	-43
吉林省	-29	-27	-17	-6	1	8	14	12	2	-6	-17	-26
辽宁省	-23	-21	-12	-1	6	12	18	15	6	-2	-12	-20
山东省	-12	-12	-5	2	8	14	19	18	11	4	-4	-10
江苏省	-10	-9	-3	3	11	15	20	20	12	5	-2	-8
安徽省	-7	-7	-1	5	12	18	20	20	14	7	0	-6
浙江省	-4	-3	1	6	13	17	22	21	15	8	2	-3
山西省	-2	-2	3	9	15	20	23	23	18	12	1	0
福建省	-4	-2	3	8	14	18	21	20	15	8	1	3
台湾省①	3	0	2	8	10	16	19	19	13	10	1	2
广东省	1	2	7	12	18	21	23	23	20	13	7	2
海南省	9	10	15	19	22	24	24	23	23	19	15	12
广西壮族自治区	3	3	8	12	18	21	23	23	19	15	9	4
湖南省	-2	-2	3	9	14	18	22	21	16	10	4	-1
湖北省	-6	-4	0	6	12	17	21	20	14	8	1	-1
河北省	-10	-9	-2	4	10	15	20	18	11	4	-3	-8
四川省	-21	-17	-11	-7	-2	1	2	1	0	-7	-14	-19
贵州省	-6	-6	-1	3	7	9	12	11	8	4	-1	-4
云南省	-9	-8	-6	-3	1	5	7	7	5	-1	-5	-8
西藏自治区	-29	-25	-21	-15	-9	-3	-1	0	-6	-14	-22	-29
新疆维吾尔自治区	-40	-38	-28	-12	-5	-2	0	-2	-6	-14	-25	-34
青海省	-33	-30	-25	-18	-10	-6	-3	-4	-6	-16	-28	-33
甘肃省	-23	-23	-16	-9	-1	3	5	5	0	-8	-16	-22
陕西省	-17	-15	-6	-1	5	10	15	12	6	-1	-9	-15
宁夏回族自治区	-21	-20	-10	-4	2	6	9	8	3	-4	-12	-19

注:①台湾省所列的温度是绝对最低温度,即风险率为0%的最低温度。

1. 柴油分成哪几种类别？什么是石油柴油？什么是生物柴油调和油？
2. 对普通柴油主要要求哪些使用性能？
3. 解释:凝点,冷滤点,十六烷值,安定性。
4. 普通柴油低温流动性的评定指标有哪些？
5. 普通柴油清洁性的评定指标有哪些？
6. 我国现行的普通柴油标准及其牌号划分的依据是什么？分为哪些牌号？
7. 我国现行的生物柴油调和油分为哪些牌号？
8. 如何选择普通柴油？

第四章 汽车的代用燃料

汽油和柴油是汽车的基本能源,由于石油能源日趋紧张,开发汽车其他替代能源、完成汽车能源的顺利过渡,是汽车工业发展的一个重要课题。

第一节 汽车燃料应具备的条件

汽车具有体积小、质量轻、机动性好和数量大等特点,作为汽车能源,应当具备如下条件:

(1)储量丰富或原料丰富。这是最根本的一条,因为世界上汽车的数量已高达6亿多辆,每天都要烧掉大量的能源。

(2)能量密度高,亦即单位质量或单位体积的低热值高。能量密度高是汽车有足够续驶里程的基本保障。

(3)污染小。为了保持人类良好的生存环境,净化质量已经越来越成为最基本的条件之一。

(4)价格低廉。这是能否推广的重要条件。

(5)良好的运输性。运输性指燃料储运的方便性与安全性。流动性主要影响供油是否方便。

(6)加注方便。加注时间短和加注地点方便是能否被使用者接受的一个重要条件。

第二节 现代汽车的代用燃料

经多年研究得出,有可能成为车用汽油、柴油机用的代用燃料的有:电能、乙醇、天然气、液化石油气、氢气、甲醇等。

一、电能

电动汽车是针对内燃机车辆提出来的概念。所谓“电动”,是因为它的能源是电力而不是汽油或柴油等石油产品。电动汽车的电动机相当于传统汽车的发动机,蓄电池相当于原来的油箱。由于电能是二次能源,可以来源于风能、水能、热能、太阳能等。

目前,电动汽车可分为三类:纯电动汽车(Pure EV)、燃料电池汽车(Fuel Cell Vehicle:FCV)和混合动力电动汽车(Hybrid Electric Vehicle:HEV)。

1. 纯电动汽车(Pure EV)

纯电动汽车是由蓄电池的能量使电机驱动车轮前进的,主要由蓄电池、电动(发电)机、管理系统等组成。蓄电池向电动机提供电能来驱动汽车，在制动或减速时，电动机作为发电机来回收能量。

1）纯电动汽车的核心技术

纯电动汽车的核心技术主要有：电池技术、电机驱动及其控制技术、电动汽车整车技术以及能量管理技术。

（1）电池技术。电池是电动汽车的动力源泉，也是一直制约电动汽车发展的关键因素。电动汽车用电池的主要性能指标是比能量（E）、能量密度（Ed）、比功率（P）、循环寿命（L）和成本（C）等。要使电动汽车能与燃油汽车相竞争，关键就是要开发出比能量高、比功率大、使用寿命长的高效电池。

①蓄电池的种类及特点。目前，电动汽车用蓄电池经过了3代的发展，已取得了突破性的进展。第1代是铅酸电池，主要是阀控铅酸电池（VRLA）。由于其比能量较高，价格低和能高倍率放电，因此，是目前唯一大批量生产的电动汽车用电池。第2代是碱性电池，主要有镍镉（NJ-Cd）、镍氢（Ni-MH）、钠硫（Na/S）、锂离子（Li-ion）和锌空气（Zn/Air）等多种电池，其比能量和比功率都比铅酸电池高，可以大大提高电动汽车的动力性能和续驶里程，但是，其价格却比铅酸电池高。第3代是以燃料电池为主的电池。燃料电池直接将燃料的化学能转变为电能，能量转化效率高，比能量和比功率都高，并且可以控制反应过程，能量转化过程可以连续进行。但是，目前还处于研制阶段，一些关键技术还有待突破。

各种蓄电池的特点比较如表4-1所示。

各种蓄电池特点比较　　表4-1

类型		铅酸	镍镉	镍氢	锂离子	
					传统型	锂聚合物
铅酸			质量能量密度；体积能量密度；工作温度范围；自放电率；可靠性	质量能量密度；体积能量密度；自放电率	质量能量密度；体积能量密度；电压输出；自放电率	质量能量密度；体积能量密度；结构特点；自放电率
镍镉		更好的可循环性；电压输出；价格		质量能量密度；体积能量密度	质量能量密度；体积能量密度；电压输出；自放电率	质量能量密度；体积能量密度；结构特点；自放电率
镍氢		更好的可循环性；电压输出；价格	工作温度范围；更好的可循环性；自放电率；可靠性		质量能量密度；体积能量密度；工作温度范围；自放电率；电压输出	质量能量密度；体积能量密度；结构特点；自放电率
锂离子	传统型	更好的可循环性；安全；价格	工作温度范围；更好的可循环性；价格；安全	价格；安全；自放电率；可循环性		质量能量密度；体积能量密度；结构特点；安全；价格
	锂聚合物	更好的可循环性	工作温度范围；更好的可循环性；价格	体积能量密度；更好的可循环性；价格	工作温度范围；更好的可循环性	
优点		更好的可循环性；价格	工作温度范围；价格	体积能量密度	质量能量密度；体积能量密度；自放电率；结构特点	质量能量密度；体积能量密度；自放电率；电压输出；结构特点

②锂离子电池。锂离子电池以碳素材料为负极，以含锂的化合物作正极，没有金属锂存在，只有锂离子，这就是锂离子电池。锂离子电池是指以锂离子嵌入化合物为正极材料电池的总称。锂离子电池的充放电过程，就是锂离子的嵌入和脱嵌过程。在锂离子的嵌入和脱嵌过程中，同时伴随着与锂离子等当量电子的嵌入和脱嵌（习惯上正极用嵌入或脱嵌表示，而负极用插入或脱插表示）。在充放电过程中，锂离子在正、负极之间往返嵌入/脱嵌和插入/脱插，被形象地称为“摇椅电池”。

聚合物锂离子电池是在液态锂离子电池基础上发展起来的，以导电材料为正极，碳材料为负极，电解质由固态或凝胶态有机导电膜组成，并采用铝塑膜做外包装的最新一代可充锂离子电池。由于性能更加稳定，因此它也被视为液态锂离子电池的更新换代产品。目前很多企业都在开发这种新型电池。

动力锂离子电池：严格来说，动力锂离子电池是指容量在3A·h以上的锂离子电池，目前则泛指能够通过放电驱动设备、器械、模型、车辆等的锂离子电池，由于使用对象的不同，电池的容量可能达不到单位A·h的级别。动力锂离子电池分高容量和高功率两种类型。高容量电池可用于电动工具、自行车、滑板车、矿灯、医疗器械等；高功率电池主要用于混合动力汽车及其他需要大电流充放电的场合。根据内部材料的不同，动力锂离子电池相应地分为液态动力锂离子电池和聚合物锂离子动力电池两种，统称为动力锂离子电池。

锂离子电池的性能主要取决于正负极材料。近几年，研究出磷酸铁锂作为锂电池正极材料，其安全性能、循环寿命、能量密度和充电性能更加优越。磷酸铁锂正极材料制作的大容量锂离子电池更容易串联使用，以满足电动车频繁充放电的需要，且具有无毒、无污染、原材料来源广泛、价格便宜等优点，是新一代锂离子电池的理想材料。

a. 锂离子电池的特点：

a）单体电池工作电压高（达3.7V），是镍镉电池、镍氢电池的3倍，是铅酸电池的近2倍，这也是锂离子动力电池比能量高的一个重要原因。因此，组成相同电压的动力电池组时，锂离子电池所使用的串联数目会大大少于铅酸电池和镍氢电池。电池中单体电池数量越多，使用过程中越容易出现问题。

b）质量轻，比能量大（高达150W·h/kg）。比能量是镍氢电池的2倍，铅酸电池的4倍，质量却是相同能量铅酸电池的1/4～1/3。

c）体积小。锂离子电池体积能量比高（约400W·h/L），体积是铅酸电池的1/3～1/2。

d）循环寿命长，循环次数可达1 000次。以容量保持60%计，电池组100%充放电循环次数可以达到600次以上，使用年限可达3～5年，寿命约为铅酸电池的2～3倍。

e）自放电率低，每月不到5%。

f）允许工作温度范围宽，低温性能好，锂离子动力电池可在－20～＋55℃之间工作，尤其适合低温使用，而水溶液电池（比如铅酸电池、镍氢电池）在低温时，由于电解液流动性变差会导致性能大大降低。

g）无记忆效应。每次充电前不必像镍镉电池、镍氢电池那样放电，可以随时随地地进行充电。电池充放电深度，对电池的寿命影响不大。

h）特别适合用于动力电池。锂离子电池除了电压高之外，由于其动力电池组的保护板能够对每一个单体电池进行高精度监测，低功耗智能管理，具有完善的过充电、过放电、温度、过流、短路保护，锁定自恢复功能以及可靠的均衡充电功能，大大延长了电池的使用寿命。

i)无污染。锂离子电池中不存在有毒物质,在使用中无有害物质挥发或溢出。

j)存在安全隐患。由于锂离子电池能量高,材料稳定性差,锂电池容易出现安全问题。

k)价格高。相同电压和相同容量的锂离子电池价格是铅酸电池的 3 ~4 倍。

b. 锂离子电池使用注意事项。锂离子电池的使用注意事项主要有以下几点:

锂离子电池过度充放电会对正负极造成永久性损坏。过度放电导致负极碳片层结构出现塌陷,而塌陷会造成充电过程中锂离子无法插入;过度充电使过多的锂离子嵌入负极碳结构,而造成其中部分锂离子再也无法释放出来。

充电量等于充电电流乘以充电时间,在充电控制电压一定的情况下,充电电流越大(充电速度越快),充电电量越小。电池充电速度过快和终止电压控制点不当,同样会造成电池容量不足,实际是电池的部分电极活性物质没有得到充分反应就停止充电,这种充电不足的现象随着循环次数的增加而加剧。

第一次充放电,如果时间能较长(一般 3 ~4 小时),那么可以使电极尽可能多的达到最高氧化态(充足电),放电(或使用)时则强制放到规定的电压,或直至自动关机,如此能激活电池使用容量。

但在锂离子电池的平常使用中,不需要如此操作,可以随时根据需要充电,充电时既不必要一定充满电为止,也不需要先放电。像首次充放电那样的操作,只需要每隔 3 ~4 个月进行连续的 1 ~2 次即可。

锂离子电池在使用过程中常常会出现发热、燃烧现象,轻者影响正常使用,重者还会烧毁而引起火灾。

(2)电力驱动及其控制技术。电动机与驱动系统是电动汽车的关键部件,要使电动汽车有良好的使用性能,驱动电机应具有调速范围宽、转速高、起动转矩大、体积小、质量小、效率高且有动态制动强和能量回馈等特性。目前,电动汽车用电动机主要有直流电动机(DCM)、感应电动机(IM)、永磁无刷电动机(PMBLM)和开关磁阻电动机(SRM)4 类。

近几年来,由感应电动机驱动的电动汽车几乎都采用矢量控制和直接转矩控制。由于直接转矩的控制手段直接、结构简单、控制性能优良和动态响应迅速,因此非常适合电动汽车的控制。美国以及欧洲研制的电动汽车多采用这种电动机。永磁无刷电动机可以分为由方波驱动的无刷直流电动机系统(BLDCM)和由正弦波驱动的无刷直流电动机系统(PMSM),它们都具有较高的功率密度,其控制方式与感应电动机基本相同,因此在电动汽车上得到了广泛应用。PMSM 类电机具有较高的能量密度和效率,其体积小、惯性低、响应快,非常适应于电动汽车的驱动系统,有极好的应用前景。目前,由日本研制的电动汽车主要采用这种电动机。

开关磁阻电动机(SRM)具有简单可靠、可在较宽转速和转矩范围内高效运行、控制灵活、可四象限运行、响应速度快和成本较低等优点。实际应用发现,SRM 存在转矩波动大、噪声大、需要位置检测器等缺点,应用受到了限制。

随着电动机及驱动系统的发展,控制系统趋于智能化和数字化。变结构控制、模糊控制、神经网络、自适应控制、专家控制、遗传算法等非线性智能控制技术,都将各自或结合应用于电动汽车的电动机控制系统。

(3)电动汽车整车技术。电动汽车是高科技综合性产品,除电池、电动机外,车体本身也包含很多高新技术,有些节能措施比提高电池储能能力还易于实现。采用轻质材料,如镁、铝、优质钢材及复合材料,优化结构,可使汽车自身质量减轻 30% ~50%;实现制动、下坡和怠速时的能量回收;采用高弹滞材料制成的高气压子午线轮胎,可使汽车的滚动阻力减少 50%;汽车车身特别是汽车底部更加流线型化,可使汽车的空气阻力减少 50%。

(4)能量管理技术。蓄电池是电动汽车的储能动力源。电动汽车要获得非常好的动力特性,必须具有比能量高、使用寿命长、比功率大的蓄电池作为动力源。而要使电动汽车具有良好的工作性能,就必须对蓄电池进行系统管理。

能量管理系统是电动汽车的智能核心。一辆设计优良的电动汽车,除了有良好的机械性能、电驱动性能、选择适当的能量源(即电池)外,还应该有一套协调各个功能部分工作的能量管理系统。它的作用是检测单个电池或电池组的荷电状态,并根据各种传感信息,包括力、加减速命令、行驶路况、蓄电池工况、环境温度等,合理地调配和使用有限的车载能量;它还能够根据电池组的使用情况和充放电历史选择最佳充电方式,以尽可能延长电池的使用寿命。

世界各大汽车制造商的研究机构都在进行电动汽车车载电池能量管理系统的研究与开发。电动汽车所用电池当前存有多少电能,还能行驶多少公里,是电动汽车行驶中必须知道的重要参数,也是电动汽车能量管理系统应该具备的重要功能。应用电动汽车车载能量管理系统,可以更加准确地设计电动汽车的电能储存系统,确定一个最佳的能量存储及管理结构,并且可以提高电动汽车本身的性能。

在电动汽车上实现能量管理的难点,在于如何根据所采集的每块电池的电压、温度和充放电电流的历史数据,来建立一个确定每块电池还剩余多少能量的较精确的数学模型。

2)纯电动汽车的特点

纯电动汽车的优点是:它本身不排放污染大气的有害气体,即使按所耗电量换算为发电厂的排放,除硫和微粒外,其他污染物也显著减少,由于电厂大多建于远离人口密集的城市,对人类伤害较少,而且电厂是固定不动的,集中排放,清除各种有害排放物较容易,也已有了相关技术。由于电力可以从多种一次能源获得,如煤、核能、水力等,解除人们对石油资源日见枯竭的担心。电动汽车还可以充分利用晚间用电低谷时富余的电力充电,使发电设备日夜都能充分利用,大大提高其经济效益。此外,电动汽车电能来源方式多,直接污染及噪声很小,结构简单,维修方便。

研究表明,同样的原油经过粗炼,送至电厂发电,经充入电池,再由电池驱动汽车,其能量利用效率比经过精炼变为汽油,再经汽油机驱动汽车要高,因此,有利于节约能源和减少二氧化碳的排量,正是由于这些优点,使得电动汽车的研究和应用成为汽车工业的"热点"。

纯电动汽车的主要缺点是:

(1)蓄电池能量密度小,汽车的续驶里程短,动力性较差。

(2)蓄电池质量大,寿命短,价格高。

(3)蓄电池充电时间长。

(4)蓄电池制造和处理存在污染。

3)发展前景

电池是纯电动汽车发展的关键。汽车动力电池要求"低成本"、"高容量"和"高安全性"等。要想在较大范围内应用电动汽车,先进的蓄电池技术是必不可少的。经过 10 多年的筛选,现在普遍看好氢镍电池、铁电池、锂离子和锂聚合物电池。氢镍电池单位质量储存能量比铅酸电池多 1 倍,其他性能也都优于铅酸电池,但目前价格为铅酸电池的 4 ~ 5 倍。铁电池采用的是资源丰富、价格低廉的铁元素材料,成本得到大幅度降低。锂是最轻、化学特性十分活泼的金属，锂离子电池单位质量储能为铅酸电池的3倍，锂聚合物电池为4倍，而且锂资源较丰富，价格也不很贵，是很有希望的电池。中国在镍氢电池和锂离子电池的产业化开发方面均取得了快速的发展。电动汽车其他有关的技术，近年都有巨大的进步，如交流感应电机及其控制、稀土永磁无刷电机及其控制、电池和整车能量管理系统、智能及快速充电技术、低阻力轮胎、轻量和低风阻车身、制动能量回收等等，这些技术的进步使电动汽车日趋完善和走向实用化。

2. 氢燃料电池汽车

氢能汽车是以氢为主要能量作为汽车的动力源。一般的内燃机，通常以柴油或汽油为燃料，而氢能汽车则改为使用气体氢为燃料。以氢燃料电池和电动机来取代普通的发动机。

氢燃料电池与普通电池的区别主要在于：干电池、蓄电池是一种储能装置，是把电能储存起来，需要时再释放出来；而氢燃料电池严格地说是一种发电装置，像发电厂一样，是把化学能直接转化为电能的电化学发电装置。另外，氢燃料电池的电极用特制多孔性材料制成，这是氢燃料电池的一项关键技术，它不仅要为气体和电解质提供较大的接触面，还要对电池的化学反应起催化作用。

1）氢燃料电池的工作原理

将氢气送到燃料电池的阳极板（负极），经过催化剂（铂）的作用，氢原子中的一个电子被分离出来，失去电子的氢离子（质子）穿过质子交换膜，到达燃料电池阴极板（正极），而电子是不能通过质子交换膜的，这个电子只能经外部电路，到达燃料电池阴极板，从而在外电路中产生电流。电子到达阴极板后，与氧原子和氢离子重新结合为水。由于供应给阴极板的氧，可以从空气中获得，因此只要不断地给阳极板供应氢，给阴极板供应空气，并及时把水（蒸气）带走，就可以不断地提供电能。燃料电池发出的电，经逆变器、控制器等装置，给电动机供电，再经传动系统、驱动桥等带动车轮转动，就可使车辆在路上行驶。与传统汽车相比，燃料电池能量转化效率高达60%～80%，为内燃机的2～3倍。燃料电池的燃料是氢和氧，生成物是清洁的水，它本身工作不产生一氧化碳和二氧化碳，也没有硫和微粒排出。因此，氢燃料电池汽车是真正意义上的零排放、零污染的车。

氢燃料电池是以含氢较高的物质作为电池的原材料，经过化学反应制备出氢气，将氢气直接作为汽车的燃料。

2）氢燃料电池车特点

优点：

（1）不产生有害气排放物。

（2）减少了机油泄露带来的水污染。

（3）氢的热值高。

（4）氢的辛烷值高。

（5）发动机燃烧效率高。

（6）发动机运转平稳，噪声小。

缺点：

（1）氢气生产成本高。

（2）气态氢能量密度小且储运不便，液态氢技术难度大，成本高。

（3）需要开发专用发动机。

3）发展前景

随着科技的进步,曾经困扰氢燃料电池发展的诸如安全性、氢燃料的储存技术等问题已经逐步攻克并不断完善。但是,氢燃料电池的成本过高,是当前普通汽油机的100倍。过高的价格是氢燃料电池车发展的一大障碍。据专家预测,研制出具有价格和性能竞争力的氢燃料电池车,大约还将需要 20 年左右的时间,才能使其占新车和轻型货车销售份额的35%。

3. 混合动力汽车

混合动力汽车(即复合动力汽车)是指汽车上装有两个以上动力源,包括有电动机驱动,符合汽车道路交通、安全法规的汽车。车载动力源有多种:蓄电池、燃料电池、太阳能电池、内燃机车的发电机组等。当前,混合动力汽车一般是指内燃机车发电机,再加上蓄电池的汽车。

1)混合动力汽车分类及特性

根据《混合动力电动汽车类型》(QC/T837—2010)规定,混合动力汽车分串联式混合动力电动汽车(series hybrid electric vehicle)、并联式混合动力电动汽车(parallel hybrid electric vehicle)和混联式混合动力电动汽车(combined hybrid electric vehicle)。

(1)串联式混合动力电动汽车:车辆行驶系统的驱动力只来源于电动机的混合动力电动汽车。典型的结构特点是发动机带动发电机发电,电能通过电动机控制器输送给电动机,由电动机驱动车辆行驶。另外,动力电池可以单独向电动机提供电能驱动车辆行驶。

串联式混合动力汽车的动力总成由发动机、发电机和电动机三部分动力总成组成,它们之间用串联的方式组成 SHEV 的动力单元系统,发动机再驱动发电机发电,电能通过控制器输送到电池或电动机,由电动机通过变速机构驱动汽车。小负荷时由电池驱动电动机再驱动车轮,大负荷时由发动机带动发电机发电驱动电动机。当车辆处于起动、加速、爬坡工况时,发动机—电动机组和电池组共同向电动机提供电能;当电动车处于低速、滑行、怠速工况时,则由电池组驱动电动机,当电池组缺电时则由发动机—发电机组向电池组充电。

串联式结构适用于城市内频繁起步和低速运行工况,可以将发动机调整在最佳工况点附近稳定运转,通过调整电池和电动机的输出来达到调整车速的目的,使发动机避免了怠速和低速运转的工况,从而提高了发动机的效率,减少了废气排放。它的缺点是能量几经转换,机械效率较低。

(2)并联式混合动力电动汽车:车辆行驶系统的驱动力由电动机及发动机同时或单独供给的混合动力电动汽车。典型的结构特点是并联式驱动系统可以单独使用发动机或电动机作为动力源,也可以同时使用电动机和发动机作为动力源驱动车辆行驶。

并联式装置的发动机和电动机共同驱动汽车,发动机与电动机分属两套系统,可以分别独立地向汽车传动系提供转矩,在不同的路面上既可以共同驱动又可以单独驱动。当汽车加速爬坡时,电动机和发动机能够同时向传动机构提供动力,一旦汽车车速达到巡航速度,汽车将仅仅依靠发动机维持该速度。电动机既可以作电动机又可以作发电机使用,又称为电动—发电机组。由于没有单独的发电机,发动机可以直接通过传动机构驱动车轮,这种装置更接近传统的汽车驱动系统,机械效率损耗与普通汽车差不多,因而得到比较广泛的应用。

(3)混联式混合动力电动汽车:具备串联式和并联式两种混合动力系统结构的混合动力电动汽车。典型的结构特点是可以在串联混合模式下工作,也可以在并联混合模式下工作,同时兼顾了串联式混合动力电动汽车和并联式混合动力电动汽车的特点。

混联式混合动力电动汽车的动力系统主要有发动机、发电机和电动机。根据助力装置不同，它又进一步分为以发动机为主和以电动机为主两种。以发动机为主的形式中，发动机作为主动力源，电动机为辅助动力源；以电动机为主的形式中，发动机作为辅助动力源，电动机为主动力源。该结构的优点是控制方便，缺点是结构比较复杂。

2)混合动力汽车的特点

(1)优点：

①采用复合动力后可按平均需用的功率来确定内燃机的最大功率。当大负荷时，内燃机功率不足，可由电池来补充；小负荷时，内燃机富余的功率可发电给电池充电。如此，在整个工作过程中，都可使内燃机处于油耗低、污染少的最优工况下工作。

②因为有了电池，可以十分方便地回收制动、下坡、怠速时的能量。

③在繁华的市区，可关停内燃机，由电池单独驱动，实现“零”排放。

④有了内燃机可以十分方便地解决耗能大的空调、取暖、除霜等纯电动汽车遇到的难题。

⑤可以利用现有的加油站(或加气站)，不需要额外建设新的能源补充基础设施。

⑥可让电池保持在良好的工作状态，不发生过充、过放，延长其使用寿命，降低成本。

⑦实现难度较低。

(2)缺点：

①有两套动力装置，再加上两套动力的管理控制系统，结构复杂，与普通汽车相比价格较高。

②汽车并不是只在大城市的拥堵道路上行驶，当在公路上行驶时，电动汽车就失去了由于频繁制动而回馈的能量，此时，电动机反而成为汽车的重量负担。

(3)三种混合动力汽车的比较：

串联式混合动力汽车、并联式混合动力汽车和混联式混合动力汽车在结构上有一定区别，其实用性能上也各有优势。三种混合动力系统的特点比较见表4-2。

三种混合动力系统的特点比较 表4-2

比较项目	提升燃油效率				行驶性能	
	怠速时停止发动机	能量再生	高效驾驶控制	综合效率	加速性	持续高输出功率
串联式	○	●	○	○	△	△
并联式	○	○	△	○	○	△
混联式	●	●	●	●	○	○

注：△一般，○良好，●优秀。

3)现状与前景

混合动力汽车在发达国家已经日益成熟，有些国家已经进入实用阶段。由于其构造复杂，成本较高，在电动汽车时代到来之前，混合动力汽车作为一种过渡产品，在近十年内会有很好的发展前景。

二、天然气

天然气简写为NG(Natural Gas)，它是地表下岩石中自然存在的、以轻质碳氢化合物为主体的气体混合物的统称，主要成分是甲烷(CH_4)，占85%~95%。天然气按其来源有气、油田伴生气和煤成气等。天然气与汽油相比，其理化特性见表4-3。

天然气与汽油理化特性的比较　表4-3

特性值	天然气	汽油
密度（气态，kg/m^3）	0.718	5.093
低热值（MJ/kg）	49.54	44.52
理论空燃比（质量）	17.2	14.7
理论混合气热值（MJ/m^3）	3.36	3.82
沸点（℃，常压）	-162	100
汽化潜热（kJ/kg）	510	297
自燃温度（大气中，℃）	650	500
点火界限燃料体积比（%）	5.3~15	1.2~6
点火界限当量比（Φ）	0.65~1.6	0.7~3.5

1. 天然气特点

1）优点

（1）天然气资源丰富，在今后相当长的时间内有充足保障。

（2）排放污染小。天然气是碳氢原子比最小的烃类化合物，以燃烧产生相同热量计算，产生的CO可比燃用汽油、柴油降低15%以上。天然气易于同空气混合，燃烧完全，HC的排放量将减少。天然气火焰温度相对较低，NO_x 排放量也会减少。

（3）天然气辛烷值高。

（4）经济性好。天然气价格低廉。由于天然气辛烷值高，燃用天然气比燃用汽油时，许用压缩比可高2~4个单位。在一定范围内提高压缩比，有利于提高热效率，经济性会更好。

（5）安全性好。从燃点看，天然气的自燃温度高达650~680℃，远高于汽油的228~471℃，柴油的200~300℃。从发火界限看，天然气的发火界限范围为5%~15%，汽油为1.3%~7.6%，天然气比空气轻，要形成天然气点燃的浓度比汽油难得多。

在制造要求和质量保证上，压缩天然气（CNG）气瓶比汽车油箱严格得多。

（6）技术成熟。

2）缺点

（1）天然气属非再生能源，不能作为根本性的替代能源。

（2）天然气储运不便。

（3）新建加气站网络要求投资强度大。

（4）气态天然气的能量密度较小。

（5）动力性有所下降。

（6）单独以天然气为燃料时，需要设计专门的发动机。

2. 现状与前景

目前，天然气汽车已在许多国家获得广泛使用和大力推广，至1997年年底，据世界42个国家的统计，已有133.74万辆天然气汽车，加气站3 378座；到2006年年底，据我国北京、上海等12个城市的统计，也已有压缩天然气汽车5 747辆，加气站56座。

天然气汽车在21世纪将成为汽车的重要品种。

我国汽车用压缩天然气标准为《车用压缩天然气》（GB 18047—2000）。

三、液化石油气

液化石油气简写为 LPG(Liquefied Petroleum Gas),是以丙烷(C_3H_8)、丁烷(C_4H_{10})和丁烯(C_4H_8)为主体的碳氢化合物的混合物,是石油加工的副产品。车用液化石油气必须保证其使用安全性、抗爆性、良好的起动性和排放性等。我国的相关标准是《汽车用液化石油气》(SY/Y 7548—1998)。液化石油气与汽油、柴油以及天然气的理化特性比较见表 4-4。

液化石油气与汽油、柴油以及天然气的理化特性的比较 表 4-4

项　　目	汽油	柴油	天然气	液化石油气
物理状态	液态	液态	气态	气态
汽车上的存储状态	液态	液态	气态或液态	液态
在常压下的沸点(℃)	30 ~ 220	180 ~ 370	-161.5	-0.5
低热值(MJ/kg)	44.52	43	49.54	45.31
汽化潜热(kJ/kg)	297		510	丙烷:-41;丁烷:0 ~ 2
辛烷值(RON)	91		120	94
十六烷值	27	40 ~ 60		
自燃点(℃)	260		700	丙烷:358.2; 丁烷:373.2
最低点火能量(MJ)	0.25 ~ 0.3			
分子量	100 ~ 115	~226	16	丙烷:41;丁烷:58
在空气中的可燃范围比(%)	1.3 ~ 7.6		5 ~ 15	

1. 液化石油气的优点

(1)污染小。

(2)储运较方便。

(3)技术成熟。

(4)液化石油气辛烷值较高。

2. 液化石油气的缺点

(1)液化石油气属非再生能源且资源没有天然气丰富。

(2)动力性有所下降。

(3)单独以天然气为燃料时,最好设计专门的发动机。

3. 现状与前景

截至 2006 年年底,我国已有液化石油气汽车 4.16 万辆,加气站 91 座。

液化石油气汽车是 21 世纪汽车的主流产品之一。

我国汽车用液化石油气行业标准为《车用液化石油气》(SY 7548—1998)。

四、醇类

醇类燃料主要是指甲醇和乙醇。醇类燃料可以和汽油或柴油按一定比例配制而成,也可以直接采用醇类燃料作为发动机燃料。

醇类燃料来源广,制取方式多。甲醇可以从煤炭、天然气、煤层气、可再生生物资源、分类垃圾等物资中制取;乙醇的原料主要是含糖、含淀粉的农作物,如甜菜、甘蔗、玉米、土豆、草秆以及含纤维素原料等。但是炼制1t乙醇需消耗4t甘蔗或4t粮食,原料消耗较大。

1. 醇类燃料的特点

(1)来源有长期保障,储运方便。

(2)甲醇(乙醇)的辛烷值较高。

(3)汽化潜热大。

(4)热值低。

(5)甲醇的毒性较大,且对金属及橡胶件有腐蚀作用。

(6)污染较大,与汽油相当。

(7)醇混合燃料容易发生分层。

(8)成本较高。

2. 醇类燃料的使用性能

甲醇和乙醇都属有机化合物,是无色透明、易挥发的可燃液体。与汽油相比,热值低、汽化潜热大、抗暴性好、含氧量高;另外,醇类燃料吸水性强、化学活性高、容易发生早燃等。甲醇、乙醇与汽油和柴油的理化性质对比见表4-5。

甲醇、乙醇与汽油和柴油的理化性质对比 表4-5

性　质	甲　醇	乙　醇	汽　油	柴　油
化学式	CH_3OH	C_2H_5OH	C_{4-12}烃合物	C_{16-23}烃合物
相对分子质量	32	46	95~120	180~200
碳(%)	37.5	52.5	85~88	86~88
氢(%)	12.5	13	12~15	12~13.5
氧(%)	50	34.8	0	0~0.4
C/H	3	3.971	5.6~7.4	6.4~7.2
密度(20℃)(kg/L)	0.792	0.7893	0.72~0.78	0.82~0.86
沸点(℃)	64.8	78.5	30~200	175~360
凝固点(℃)	-98	-114	-57	-1~-4
黏度(20℃)(mPa·s)	0.6	1.2	0.65~0.85	3.0~8.0
质量低热值(HL)(MJ/kg)	20.26	27.2	44.52	43
汽化潜热(kJ/kg)	1109	904	297	
辛烷值或十六烷值	112(RON)	111(RON)	91(RON)	40~55
闪点(℃)	11	21	-45	-75
比热容(20℃)(kJ/kg)	2.55	2.72	2.3	1.9
理论混合气热值(MJ/kg)	3.56	3.66	3.82	3.36
电导率(20℃)(S/m)	4.4×10^{-5}	1.35×10^{-7}		1×10^{-13}
溶解水		∞	0	0

3. 醇类燃料在发动机上的燃用方式

1)掺烧

掺烧是醇类燃料在汽车上的主要应用方式。为使内燃机燃用醇燃料时能有良好的效果,可采用不同的掺烧方式,调整混合燃料的性质,改进内燃机结构及设计良好的掺烧及控制装置。

在混合燃料中,甲醇或乙醇的容积比例分别以MX或EX表示。如乙醇占10%、20%,则以E10、E20表示,纯乙醇燃料用E100表示。

2)纯烧

混合气的形成装置必须与醇较低的热值及较少的空气需要量相适应。因此,单一燃用醇类燃料应加大输油泵的供油能力,以避免气阻。加大燃料箱尺寸,保证必要的续驶里程。采用高压缩比以充分利用醇类高辛烷值的特性。选择适宜的火花塞及火花塞间隙。压缩比提高后,宜采用冷型火花塞。改善相关零件的抗腐蚀性和抗溶胀性等。

4.醇类燃料的改性

1)甲醇改性

甲醇改性是利用发动机排气的余热将甲醇改成为 H_2 和 CO, $CH_3OH \xrightarrow{\text{吸热}} CH_3OH \xrightarrow{\text{催化剂}} 2H_2 + CO$,然后再输往发动机。

甲醇蒸发需要吸收汽化潜热,气体甲醇改性也需要吸收热量,故甲醇改性后名义热值为液态甲醇的1.2倍。改性甲醇的理论成分为:含氢66.7%(mol),含一氧化碳33.3%(mol)。实际上还会含有少量的甲烷和甲醛等,使改性甲醇的热值降低,火焰传播速度下降,还会使排气中的HC和CO增加。改性甲醇燃料的特性见表4-6。

甲醇改性燃料特性 表4-6

项　　目	甲醇改质气	甲　　醇	汽　　油
分子式或成分	33.3%(mol)CO 6.7%(mol)H_2	CH_3OH	C_8H_{18}(以辛烷值为代表)
分子量	10.65	32	114
理论空燃比	6.51	6.51	14.8
低热值(MJ/kg)	24.31	20.26	44.52
理论混合气热值(MJ/m^3)	3.433	3.56	3.82
最大火焰传播速度(cm/s)	215		30
发火界限(过量空气系数)	0.4~7	0.4~7	0.5~1.3
最小点火能量(理论混合比下)	0.018(H2)		0.25~0.3

甲醇改性气的低热值比甲醇高,但混合气热值比甲醇略低;火焰传播速度远远大于汽油,发火界限宽,很容易实施稀混合气燃烧,有利于提高热效率。改性甲醇辛烷值高,许用压缩比高,动力性好。

2)变性燃料乙醇

变性燃料乙醇是指乙醇脱水后再添加变性剂而生成的以乙醇为主(乙醇>92.1%,体积分数)的燃料。我国变性燃料乙醇规格见表4-7。

我国变性燃料乙醇规格 表4-7

项　　目		质量标准	项　　目		质量标准
乙醇(体积分数)(%)	≥	92.1	铜含量(mg/kg)	≤	0.1
甲醇(体积分数)(%)	≤	0.5	乙醇含量(mg/L)	≤	32
水分(体积分数)(%)	≤	0.5	铜含量(mg/kg)	≤	0.08
实际胶质(mg/100mL)	≤	5.0	改性剂(%)(m/m)	≥	1.96
			改性剂(%)(m/m)	≤	4.76
无机氯(mg/L)	≤	40	外观		清澈透明,无悬浮物和沉淀

5. 燃用醇类燃料注意事项

(1)醇是一种溶剂,发动机使用初期,燃油系统零部件、油路和燃油管壁上的沉积物会剥落,导致滤清器堵塞,一些黑色金属和有色金属将腐蚀。应进行橡胶长时间浸泡试验及耐腐蚀试验。

(2)长期使用醇—汽油混合燃料,润滑油酸值和黏度将会增加,在发动机进气系统部件中,易产生油污,导致拉缸。应在润滑油中添加清洁剂及中和酸性物质的添加剂。

(3)使用掺醇汽油后,汽车燃油消耗和发动机动力性有所下降。可适当提高压缩比和加大点火提前角,对电喷发动机进行匹配,延长喷油时间。

(4)醇的气化潜热比汽油高,在寒冷地区会使混合燃料难以气化,不易起动。

(5)容易分层,使汽油和醇互溶性变差,影响燃油的品质。

6. 现状与前景

目前,世界上有一定数量的汽车采用甲醇(乙醇)与汽油的混合燃料,甲醇汽油由于环保效果不理想,发展缓慢;乙醇汽油环保效果较好,但是成本较高(其原料农作物的生长占用土地资源),可以作为能源的一种补充,在某些国家和地区可能保持较大的比例。

1. 汽车燃料应具备哪些条件?
2. 现代汽车的代用燃料有哪些?
3. 蓄电池式汽车的优缺点是什么?
4. 混合动力汽车的特点是什么?
5. 汽车的代用燃料主要有哪些?

第五章　发动机油

发动机油是润滑系的工作液，它的主要作用是润滑、冷却、清洁、密封和防腐蚀。发动机的零部件在工作过程中由于摩擦会产生磨损，其主要的磨损形式为：

(1)黏着磨损。摩擦产生的热量使接触表面熔和、焊接到一起。

(2)研磨。接触面之间有固体颗粒(磨粒)存在，相对运动，碾压形成。

(3)腐蚀。零部件表面同环境物质发生反应，然后脱落。

(4)疲劳。受周期作用力，接触表面疲劳，出现裂纹或脱落。

(5)气蚀。气泡的迅速形成和破裂造成压力的急剧变化，冲击金属表面造成损伤。

为了减轻发动机零部件的磨损，减小摩擦阻力，延长其使用寿命，发动机必须进行润滑，以提高发动机工作的可靠性和耐久性。

由于发动机工作过程中温度变化大，压力高，零部件的相对运动速度快等原因，使发动机油的工作条件非常苛刻，容易老化变质。变质的润滑油使零部件的摩擦表面得不到良好的润滑，就会产生异常磨损或擦伤。为保证发动机油的作用，就要对发动机油的使用性能提出严格的要求。

第一节　发动机油的使用性能

发动机油的使用性能对于发动机润滑系的工作状况影响很大。在发动机上，强制润滑的零部件其工作条件比较苛刻，具有速度高，承受力(或力矩)大，高温、高压等特点，并且有些零件远离油底壳，泵送距离远，阻力大，特别是发动机净化装置的采用，使发动机油工作条件进一步恶化。因此，发动机油的使用性能应满足如下要求。

一、润滑性

在各种条件下，发动机油降低摩擦、减缓磨损和防止金属烧结的能力，叫做发动机油的润滑性。发动机油应具有良好的润滑性。

润滑油的黏度和化学性质对发动机零件在不同润滑状态的润滑作用有重要影响。

以图5-1所示的斯萃贝克(Stribeck)曲线可分析黏度对摩擦系数的影响。

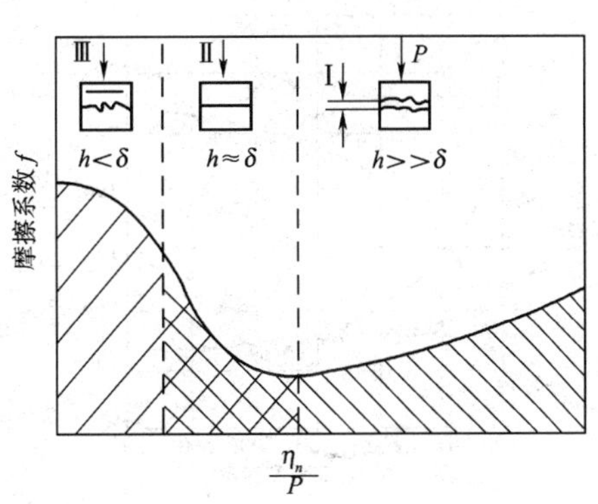

图5-1　润滑油的黏度对润滑状态的影响

h-油膜厚度；δ-两表面的粗糙度

摩擦系数f可表示为：

$$f = 2\pi^2 \frac{D\eta n}{hP}$$

式中：D——零件直径；

η——润滑油的黏度；

h——运动副间隙；

n——零件转速；

P——零件承受的压力；

$\frac{\eta n}{P}$——索莫范尔德(Sommerfeld)准数。

在索莫范尔德准数中，唯一与润滑性能有关的因素就是润滑油的黏度。在图5-1中，从左至右有3种润滑状态，最右边的区域为液体润滑，油膜厚度 h 比运动副表面粗糙度大得多。润滑油具有一定的黏度是形成液体润滑的基本条件之一。而黏度是液体流动时内摩擦力的量度，在液体润滑区域，摩擦系数随润滑油黏度降低而减小。当润滑油黏度低到一定程度时，油膜厚度 h 降低到近似等于运动副的粗糙度 δ，该区域为混合润滑状态，这时润滑油的黏度和化学性质对摩擦系数都有影响。当油膜厚度 h 小于运动副表面粗糙度 δ 时，便成为边界润滑状态，如图5-1中左面的区域，此时起润滑作用的不再是润滑油的黏度，而完全取决于润滑油的化学性质，即润滑油的油性和极压性。油性是润滑油在摩擦金属表面上的吸附性。润滑油中极性分子定向排列吸附在金属表面上，形成吸附膜，这种吸附膜只能在中温、中速、中负荷或更低情况下才能保持边界润滑。当高温、高压、高速时，吸附膜脱附，油性失效。极压性是润滑油在摩擦表面的化学反应性质。当润滑油中加入含硫、磷等化合物添加剂时，高温下这些化合物分解生成的活性元素与金属形成化学反应膜，该反应膜的熔点和剪切强度比较低，能降低摩擦和磨损。

发动机油黏度是评定润滑性的重要指标。但是，对于边界润滑，主要是油性和极压性起作用，所以发动机油的润滑性还要通过相关的发动机试验来评定。

二、低温操作性

从发动机油方面保证发动机在低温条件下容易起动和可靠供油的性能，叫做发动机油低温操作性。发动机油应具有良好的低温操作性。

发动机油黏度随气温降低而增加。因此，使发动机低温起动时转动曲轴的阻力矩增加，曲轴转速下降(图5-2)，从而造成发动机起动困难。

发动机油黏度增加后，流动困难，供油不足，造成磨损严重。综上所述，发动机油的低温操作性包括有利于低温起动和降低起动磨损两方面。

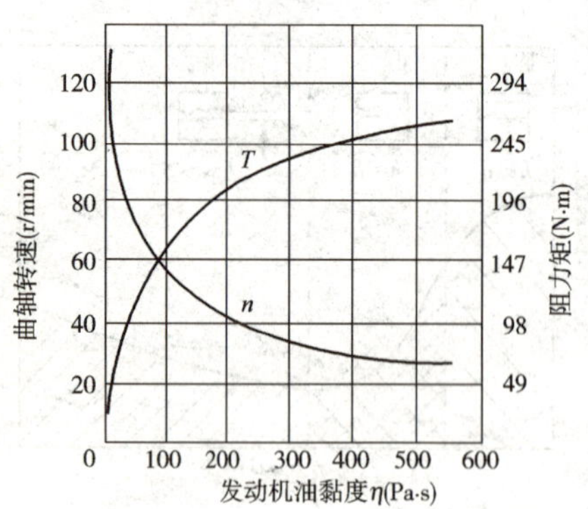

图5-2　发动机曲轴转动阻力矩(T)、转速(n)与发动机油黏度(η)的关系

评定发动机油低温操作性的指标主要是低温动力黏度、边界泵送温度和倾点等。

三、黏温性

温度对油品黏度的影响很大。温度升高，黏度降低；温度降低，黏度增大。发动机油这种由于温度升降而改变黏度的性质，叫做黏温性。发动机油应具有良好的黏温性。良好的黏温性是指油品的黏度随温度的变化而变化的程度小。

发动机油所接触的各润滑部位的工作温度变化差别很大。因此，要求发动机油在高温工作时，能保持一定的黏度，以形成足够厚度的油膜，确保润滑效果；而在低温工作时，黏度又不至于变得过大，以维持一定的流动性，使发动机低温时容易起动和减小零件的磨损。

在基础油中加入黏度指数改进剂可提高油品的黏温性。用低黏度的基础油和黏度指数改进剂调配而成，具有良好的黏温性，能同时满足低高温使用要求的发动机油，叫做多黏度级发动机油，俗称稠化机油。

评定发动机油黏温性的指标是黏度指数。

四、清净分散性

发动机油能抑制积炭、漆膜和油泥生成或将这些沉积物清除的性能，叫做发动机油的清净分散性。发动机油应具有良好的清净分散性。

积炭是覆盖在汽缸盖、火花塞、喷油器、活塞顶等高温区域，厚度较大的固体炭状物。它是燃烧不完全或是发动机油窜入燃烧室在高温下分解的烟雾等物质在高温零件上沉积而形成的。

漆膜是一种坚固且有光泽的漆状薄膜，主要产生在活塞环区和活塞裙部。漆膜主要是烃类在高温和金属的催化作用下，经氧化、聚合生成的胶质、沥青质等高分子聚合物。

从生成原理看，漆膜和积炭都属于高温沉积物。影响高温沉积物生成的因素一方面是发动机的设计和工作条件；另一方面是燃料和发动机油的性质。

增压发动机的机械负荷和热负荷大，发动机油温度高；或发动机冷却液温度高而导致发动机油过热；燃料的馏分重，铅含量和硫含量大等原因，均可以使发动机油生成的积炭和漆膜较多。

发动机油的重质馏分或添加剂的金属元素含量多，也会促进积炭和漆膜的生成。

油泥是一种比较稳定的油水乳状体与多种杂质的凝聚物。油泥属于低温沉积物。城市中行驶的汽车时停时开，发动机长时间处于低温条件下运行，容易在油底壳中产生油泥。

影响油泥生成的因素主要是发动机的工作条件和燃料、发动机油的性质。

由于油泥是在较低温度下形成的，故与影响积炭、漆膜生成的因素相反，冷却液和发动机油温度越低越容易生成油泥。当汽车处于时开时停或怠速时，发动机温度较低，燃烧后生成的水蒸气、CO、CO_2、NO_x、炭末以及燃料的重质馏分等落入油底壳，加速了发动机油的氧化并使之乳化，生成不溶物（油泥）。由此可见，曲轴箱窜气量越多，越容易生成油泥。

发动机油的基础油本身不具备清净分散性，其分散性是通过添加清净剂和分散剂而获得的。现代发动机的性能逐渐强化，工作条件越加苛刻。从一定意义上说，发动机油使用性能的好坏，也表现在清净剂和分散剂的性能和添加量上。

我国新的内燃机油分类中已废除了使用性能较低的发动机油，所以发动机油的清净分散性主要通过相应的发动机试验来评定。

五、抗氧化性

在一定的条件下，发动机油抵抗氧化变质的能力，叫做发动机油的抗氧化性。发动机油应具有良好的抗氧化性。

发动机油在一定条件下便会发生化学反应，由于氧化使颜色变深、黏度增加、酸性增大，并析出沉积物。发动机油的氧化是发动机沉积物生成、发动机油变质的前提，则抗氧化性也是发动机油的重要性质。它决定发动机油在使用中是否容易变质、对零件腐蚀和生成沉积物的倾向，是决定发动机油使用期限的重要因素。发动机油的氧化过程分两个阶段：

(1)轻度氧化。在这个阶段，烃类的化合物被氧化生成不同类别的酸性产物。

(2)深度氧化。某些酸性产物再度缩合沉淀形成胶质和油焦质等。

发动机油的氧化有两种情况：

(1)厚油层氧化。发动机油底壳的发动机油处在厚油层、低压和低温的状态下，不具备深度氧化的条件，所以它的氧化反应属于轻度氧化，主要是生成各种酸性物质。

(2)薄油层氧化。在发动机的活塞与汽缸壁部位，发动机油处在薄油层、高温、高压和有金属催化作用的影响下，显然这种氧化属于深度氧化，生成物是胶质沉淀。

从油品方面减缓发动机油氧化变质的主要途径有：选择合适的馏分，合理精制；添加抗氧化剂或抗氧、抗腐剂。

发动机油的抗氧化性通过相应的发动机试验来评定。

六、抗腐性

发动机油抵抗腐蚀性物质对金属腐蚀的能力，叫做发动机油的抗腐性。发动机油应具有良好的抗腐性。

发动机油在使用过程中不可避免地被氧化而生成各种有机酸，这些有机酸将对金属产生腐蚀作用。腐蚀机理是，金属先与氧化产物(过氧化物)作用，生成金属氧化物，金属氧化物与有机酸反应生成金属盐。特别是高速柴油机使用的铜铅、银镉轴承，抗腐蚀性差，在发动机油中即使只有微量的酸性物质也会引起严重腐蚀，使轴承出现斑点、麻坑，甚至整块金属剥落。

提高发动机油抗腐性的途径是：加深发动机油的精制程度，减小酸值；同时要添加抗氧抗腐剂。

评定发动机油抗腐性的指标是中和值或酸值，同时通过相应的发动机试验来评定。

七、抗泡沫性

发动机油消除泡沫的性质，叫做发动机油的抗泡沫性。发动机油应具有良好的抗泡沫性。

当发动机油受到激励搅动，将空气混入油中时，就会产生泡沫。泡沫如果不及时消除，将会产生气阻，导致供油不足等故障。

评定发动机油抗泡沫性的指标是生成泡沫倾向和泡沫稳定性。

第二节　发动机油使用性能的评定

一、发动机油使用性能的评定指标

1. 低温动力黏度

通常所讲的黏度是指牛顿液体的黏度，其含义是作用于液体上的应力与剪切速率之比。有时也把黏度称为动力黏度系数。该系数用来衡量液体流动阻力的大小。在国际单位制中黏度的单位是帕斯卡·秒(Pa·s)。在实际中，更方便通用的是毫帕斯卡·秒(mPa·s)，

1 毫帕斯卡·秒(mPa·s) =1 厘泊(cP)。我们将在任何剪切速率下其黏度均为一恒定值的油或液体称为牛顿油或牛顿液体。其黏度在一定温度时为常数(图 5-3a),不随油层间的剪切速率而变化。

低温动力黏度也称为表观黏度,它表示非牛顿液体流动时内摩擦特征。发动机油在低温下的黏度并不具有与温度成比例的变化关系,它在很大程度上与剪切速率有关,在不同剪切速率下的黏度不是常数(图 5-3b),即在同一温度下,剪切速率不同,黏度也不同,有这种黏度特性的液体,叫做非牛顿液体。汽车发动机油的表观黏度与低温下发动机的起动性有关。

低温动力黏度是划分冬用发动机油黏度级别的依据之一。

发动机油低温动力黏度的测定标准是《发动机油表观黏度测定法(冷起动模拟法)》(GB/T 6538—2010)。

2. 边界泵送温度

能将发动机油连续地、充分地供给发动机机油泵入口的最低温度,叫做边界泵送温度。它是衡量在起动阶段发动机油是否易于流到机油泵入口并提供足够压力的性能。边界泵送温度也是划分冬用发动机油黏度级别的依据之一。

发动机油边界泵送温度的测定标准是《发动机油边界泵送温度测定法》(GB/T 9117—1988)。

3. 倾点

试油在规定条件下冷却时,能够流动的最低温度,叫做油品的倾点。同一试油的凝点比倾点略低。现行发动机油规格均为采用倾点作为评定发动机油低温操作性的指标之一。

倾点的测定标准是《石油产品倾点测定法》(GB/T 3535—2006)。

4. 黏度指数

将试油的黏温性与标准油的黏温性进行比较所得出的相对数值,叫做黏度指数。黏度指数常缩写成 VI(Viscosity Index)。

黏度指数的概念可用图 5-4 作具体说明。

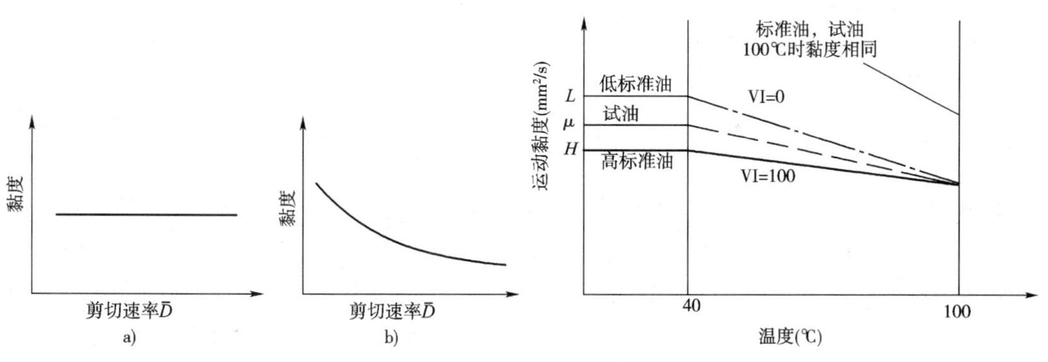

图 5-3 液体的黏度

a)牛顿液体的黏度;b)非牛顿液体的低温动力黏度

图 5-4 黏度指数的概念

把试油与在 100℃和试油黏度相同,但黏温性截然不同(高标准油 VI =100;低标准油 VI =0)的两种标准油对比,试油在 40℃时的运动黏度越接近高标准油,则黏度指数越高。

对于黏度指数小于 100 的润滑油,黏度指数按下式计算:

$$VI = \frac{L-\mu}{L-H} \times 100$$

式中：VI——黏度指数；

L——黏度指数为 0 的低标准油在 40℃的运动黏度(该种油在 100℃时的运动黏度与试油相同)；

μ——试油在 40℃时的运动黏度；

H——黏度指数为 100 的高标准油在 40℃时的运动黏度(该种油在 100℃时的运动黏度与试油相同)。

黏度指数可根据《石油产品黏度指数计算法》(GB/T 1995—1998)或《石油产品黏度指数计算表》(GB/T 2541—1981)计算。

5. 中和值和酸值

中和 1g 试油中含有的酸性或碱性组分所需的碱量,叫做中和值。中和值用 mgKOH/g 来表示。

中和值表示油品在使用期间,经过氧化后,酸、碱值的相对变化。酸值是中和 1g 试油中的酸所需氢氧化钾的 mg 数,表示为 mgKOH/g。碱值是中和 1g 试油中含有的碱性组分所需的酸量,换算为相当的碱量。因此,中和值的单位也是 mgKOH/g。

中和值的测定标准是《石油产品和润滑剂中和值测定方法(电位滴定法)》(GB/T 7304—1987)。

6. 残炭

油品在试验条件下,受热蒸发和燃烧后残余的炭渣,叫做残炭。

根据残炭量的大小,可以大致判断发动机油在发动机中结炭的倾向。一般精制较深的基础油,残炭量小。发动机油中,含氧、硫、氧化物较多时,残炭量增大。发动机油中添加有灰型清净剂和分散剂后,残炭量也增大,因此,在发动机油规格中是限制加剂前的残炭。

残炭的测定标准是《石油产品残炭测定法(康氏法)》(GB/T268—1987)。残炭测定按加热方法不同分为康氏残炭和兰氏残炭。康氏残炭用喷灯加热;兰氏残炭用高温电炉加热。

7. 硫酸盐灰分

试油在燃烧后灰化之前加入少量的浓硫酸,使产生的金属化合物成为硫酸盐,这样的灰分叫做硫酸盐灰分。

硫酸盐灰分的测定标准是《添加剂和含添加剂润滑油硫酸盐灰分测定法》(GB/T 2433—2001)。

8. 泡沫性(泡沫倾向/泡沫稳定性)

泡沫性是指油品生成泡沫的倾向和生成泡沫的稳定性能。泡沫性的表示与其测定方法概要:在 1 000mL 量筒中注入试油 190mL,以(94 ±5)mL/min 的流量用特制的气体扩散头将空气通入试油中,经过 5min 后,记下量筒中泡沫的体积,即为泡沫倾向,量筒静止 5min 后,再记下泡沫体积,即为泡沫稳定性。试验温度为 24℃和 93.5℃再冷却到达 24℃后重作一次。泡沫性用分数形式表示,分子是泡沫倾向,分母是泡沫稳定性。

泡沫性的测定标准是《润滑油泡沫特性测定法》(GB/T 12579—2002)。

9. 闪点

在规定试验条件下,试验火焰引起试样蒸气发火,并使火焰蔓延至液体表面的最低温度,修正到 101.3kPa 大气压下。

闪点值能够用于运输、储存、操作和安全管理等方面,可作为分类参数来定义“易燃物质”和“可燃物质”，其准确定义参见它们各自的特殊法规和相关标准。

实验指导

（一）发动机油100℃运动黏度的测定

测定发动机油的运动黏度所用到的实验仪器是黏度计，见图5-5。

实验步骤和方法

（1）将黏度计调整成为垂直状态，要利用铅垂线从两个相互垂直的方向去检查毛细管的垂直情况。将恒温浴调整到规定的温度，把装好试样的黏度计浸在恒温浴内，恒温至如表5-1中所规定的时间。实验的温度必须保持恒定到±0.1℃。

（2）利用毛细管黏度计管身上入口1所套装的橡皮管，将试样吸入扩张部分3，使试样液面稍高于标线a，并且注意不要让毛细管和扩张部分3的液体产生气泡或裂隙。

（3）此时观察试样在管身中的流动情况，液面正好到达标线a时，启动秒表；液面正好流到标线b时，停止秒表。

试样的液面在扩张部分3中流动时，注意恒温浴中正在搅拌的液体要保持恒定温度，而且扩张部分中不应出现气泡。

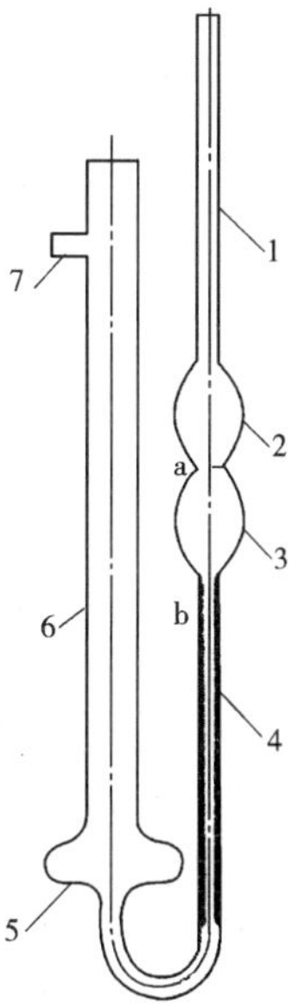

（4）用秒表记录流动时间，应重复测定至少4次，其中各次流动时间与其算术平均值的差数应符合如下的要求：在温度为100～15℃测定黏度时，这个差数不应超过算术平均值的±0.5%；在低于15～－30℃测定黏度时，这个差数不应超过算术平均值的±1.5%；在低于－30℃测定黏度时，这个差数不应超过算术平均值的±2.5%。

图5-5　毛细管黏度计

1、6-管身；2、3、5-扩张部分；4-毛细管；7-吸入接口；a、b-标线

黏度在恒温浴中的恒温时间　　表5-1

实验温度（℃）	恒温时间（min）
80，100	20
40，50	15
20	10
0～－50	15

然后，取不少于3次的流动时间所得的算术平均值，作为试样的平均流动时间。

（二）发动机油水分的测定

测定发动机油水分所用的实验仪器是水分测定器及接收器，分别见图5-6和图5-7。

实验步骤和方法

（1）将装入量不超过瓶内容积3/4的试样摇动5min，要混合均匀。黏稠的或含石蜡的石油产品应预先加热至40～50℃，再进行摇匀。

（2）向预先洗净并烘干的圆底烧瓶1装入摇匀的试样100g，误差不大于0.1g。

用量筒取100mL的溶剂，注入圆底烧瓶中。将圆底烧瓶中的混合物仔细摇匀后，投入一些无釉瓷片、浮石或毛细管。

注意：

①黏度小的试样可以用量筒量取100mL，注入圆底烧瓶中，再用这只未经洗涤的量筒量出100mL的溶剂。圆底烧瓶中的试样重量，等于试样的密度乘100所得之积。

②试样的水分超过10%时，试样的重量应酌量减少，要求蒸出的水不超过10mL。

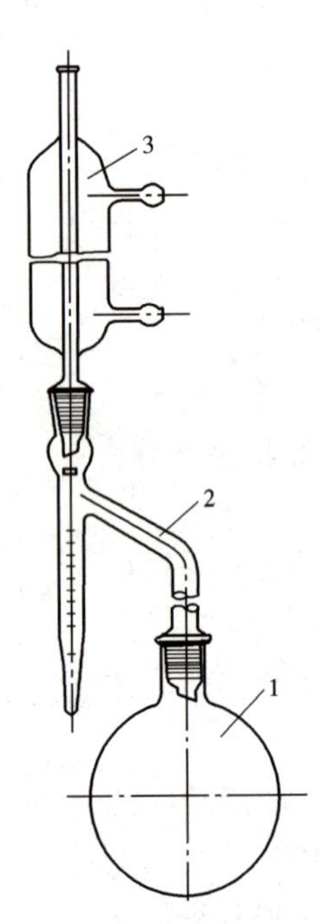

图 5-6 水分测定器

1-圆底烧瓶；2-接收器；3-冷凝管

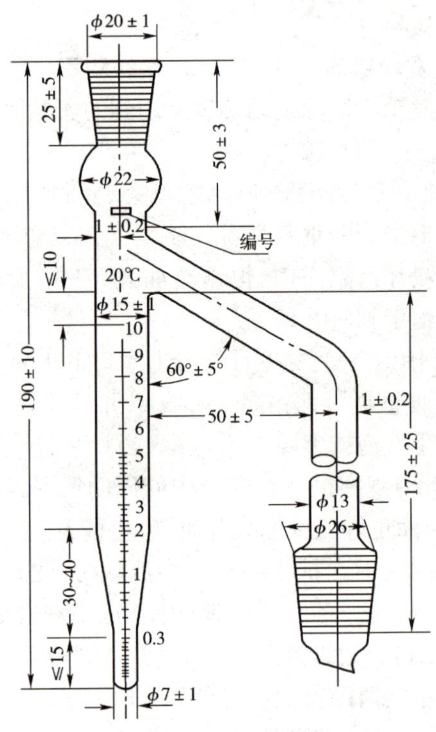

图 5-7 接收器（尺寸单位：mm）

(3)洗净并烘干的接收器 2 要用它的支管紧密地安装在圆底烧瓶 1 上（图 5-6），使支管的斜口进入圆底烧瓶 15 ~ 20mm。然后在接收器上连接直管式冷凝管 3。冷凝管的内壁要预先用棉花擦干。安装时，冷凝管与接收器的轴心线要互相重合，冷凝管下端的斜口切面要与接收器的支管管口相对。为了避免蒸气逸出，应在塞子缝隙上涂抹火棉胶。进入冷凝管的水温与室温相差较大时，应在冷凝管的上端用棉花塞住，以免空气中的水蒸气进入冷凝管凝结。

注意：允许在冷凝管的上端，外接一个干燥管，以免空气中的水蒸气进入冷凝管凝结。

(4)用电炉、酒精灯或调成小火焰的煤气灯加热圆底烧瓶，并控制回流速度，使冷凝管的斜口每秒滴下 2 ~ 4 滴液体。

(5)蒸馏将近完毕时，如果冷凝管内壁沾有水滴，应使圆底烧瓶中的混合物在短时间内进行剧烈沸腾，利用冷凝的溶剂将水滴尽量冲入接收器中。

(6)接收器中收集的水体积不再增加，而且溶剂的上层完全透明时，应停止加热。回流的时间不应超过 1h。

停止加热后，如果冷凝管内壁仍沾有水滴，应从冷凝管上端倒入材料中所规定的溶剂，把水滴冲进接收器。如果溶剂冲洗依然无效，就用金属丝或细玻璃棒带有橡皮或塑料头的一端，把冷凝器内壁的水滴推刮进接收器中。

(7)圆底烧瓶冷却后，将仪器拆卸，读出接收器中收集水的体积。

当接收器中的溶剂呈现浑浊，而且管底收集的水不超过 0.3mL 时，将接收器放入热水中浸 20 ~ 30min，使溶剂澄清，再将接收器冷却到室温，然后读出管底收集水的体积。

(三)发动机油闭口闪点测定

测定发动机油闭口闪点的实验仪器是宾斯基—马丁闭口闪点试验仪。

实验步骤和方法

1. 方法概要

将样品倒入试验杯中,在规定的速率下连续搅拌,并以恒定速率加热样品。以规定的温度间隔,在中断搅拌的情况下,将火源引入试验杯开口处,使样品蒸气发生瞬间闪火,且蔓延至液体表面的最低温度,此温度为环境大气压下的闪点,再用公式修正到标准大气压下的闪点。

2. 试剂与材料

清洗溶剂:用于除去试验杯及试验杯盖上沾有的少量试样。

清洗溶剂的选择依据被测试样及其残渣的黏性。低挥发性芳烃(无苯)溶剂可用于除去油的痕迹,混合溶剂如甲苯—丙酮—甲醇可有效除去胶质类的沉积物。

校准液:工作参比样品(SWS)和有证标准样品(CRM)。

3. 仪器

宾斯基—马丁闭口闪点试验仪,见图 5-8。

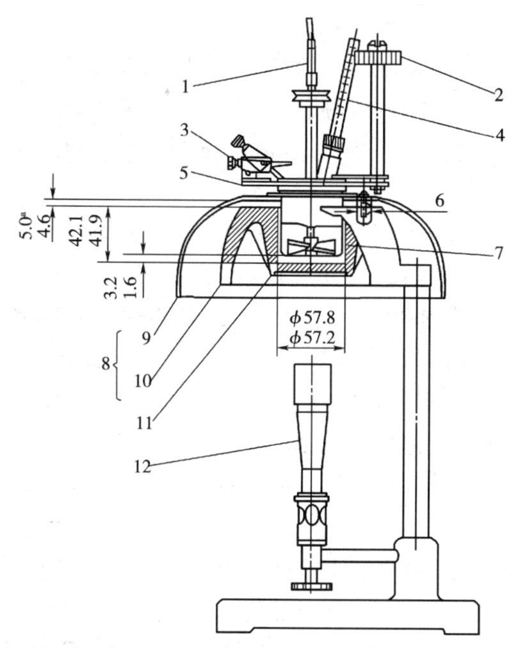

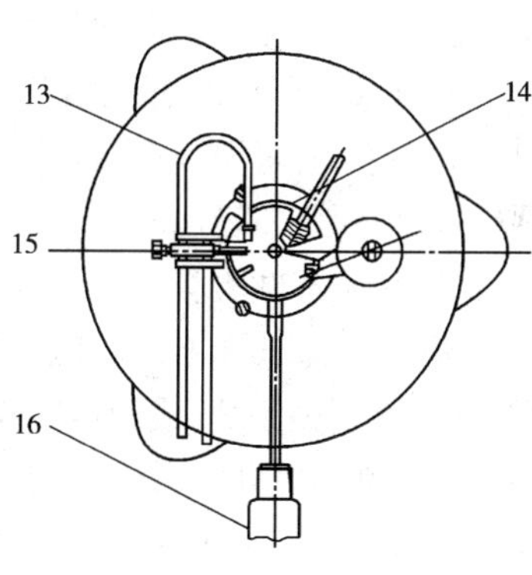

图 5-8 宾斯基—马丁闭口闪点试验仪(尺寸单位:mm)

1-柔性轴;2-快门操作旋钮;3-点火器;4-温度计;5-盖子;6-片间最大距离,ϕ9.5mm;7-试验杯;8-加热室;9-顶板;10-空气浴;11-杯表面厚度,最小6.5mm,即杯周围的金属;12-火焰加热型或电阻元件加热型(图示为火焰加热型);13-导向器;14-快门;15-表面;16-手柄(可选择)

4. 试验准备

1)仪器准备

(1)仪器的放置:仪器应安装在无空气流的房间内,并放置在平稳的台面上。将仪器放置在能单独控制空气流的通风柜中,通过调节使蒸气可以被抽走,但空气流不能影响试验杯上方的蒸气。若不能避免空气流,最好用防护屏挡在仪器周围。

(2)试验杯的清洗：先用清洗溶剂冲洗试验杯、试验杯盖及其他附件，以除去上次试验留下的所有胶质或残渣痕迹。再用清洁的空气吹干试验杯，确保除去所用溶剂。

(3)仪器组装：检查试验杯、试验杯盖及其附件，确保无损坏和无样品沉积。然后按照图5-8组装好仪器。

(4)进行仪器校验(按GB/T 261—2008附录B操作)。

2)取样

取样前应先轻轻地将样品摇匀，再小心地将试样倒入试验杯中，应尽可能避免挥发性组分损失，并确保样品充满至容器容积的50%以上。

5. 试验步骤

试验步骤分为步骤A和步骤B两个部分。

步骤A适用于表面不成膜的油漆和清漆、未用过润滑油及不包含在步骤B之内的其他石油产品。

步骤B适用于残渣燃料油、稀释沥青、用过润滑油、表面趋于成膜的液体、带悬浮颗粒的液体及高黏稠材料(例如聚合物溶液和黏合剂)。

1)步骤A

(1)观察气压计，记录试验期间仪器附近的环境大气压。

(2)将试样倒入试验杯至加料线，盖上试验杯盖，然后放入加热室，确保试验杯就位或锁定装置连接好后插入温度计。点燃试验火源，并将火焰直径调节为3~4mm；或打开电子点火器，按仪器说明书的要求调节电子点火器的强度。在整个试验期间，试样以5~6℃/min的速率升温，且搅拌速率为90~120r/min。

(3)当试样的预期闪点不高于110℃时，从预期闪点以下23℃±5℃开始点火，试样每升高1℃点火一次，点火时停止搅拌。用试验杯盖上的滑板操作旋钮或点火装置点火，要求火焰在0.5s内下降至试验杯的蒸气空间内，并在此位置停留1s，然后迅速升高回至原位置。

(4)当试样的预期闪点高于110℃时，从预期闪点以下23℃±5℃开始点火，试样每升高2℃点火一次，点火时停止搅拌。用试验杯盖上的滑板操作旋钮或点火装置点火，要求火焰在0.5 s内下降至试验杯的蒸气空间内，并在此位置停留1s，然后迅速升高回至原位置。

(5)当测定未知试样的闪点时，在适当起始温度下开始试验。高于起始温度5℃时进行第一次点火，然后按第(3)或第(4)步骤进行。

(6)记录火源引起试验杯内产生明显发火的温度，作为试样的观察闪点，但不要把在真实闪点到达之前，出现在试验火焰周围的淡蓝色光轮与真实闪点相混淆。

(7)如果所记录的观察闪点温度与最初点火温度的差值少于18℃或高于28℃，则认为此结果无效。应更换新试样重新进行试验，调整最初点火温度，直到获得有效的测定结果，即观察闪点与最初点火温度的差值应在18~28℃范围之内。

2)步骤B

(1)观察气压计，记录试验期间仪器附近的环境大气压。

(2)将试样倒入试验杯至加料线，盖上试验杯盖，然后放入加热室，确保试验杯就位或锁定装置连接好后插入温度计。点燃试验火焰，并将火焰直径调节为3~4mm；或打开电子点火器，按仪器说明书的要求调节电子点火器的强度。在整个试验期间，试样以1.0~1.5℃/min的速度升温，且搅拌速率为(250±10)r/min。

(3)除试样的搅拌和加热速率按GB/T 261—2008中10.3.2的规定，其他试验步骤均

按 GB/T 261—2008 中 10.2.3 ~ 10.2.7 规定进行。

6. 计算

(1)大气压读数的转换。如果测得的大气压读数不是以 kPa 为单位的，可用下述等量关系换算为以 kPa 为单位的读数。

以 hPa 为单位的读数 ×0.1 = 以 kPa 为单位的读数。

以 mbar 为单位的读数 ×0.1 = 以 kPa 为单位的读数。

以 mmHg 为单位的读数 ×0.1333 = 以 kPa 为单位的读数。

(2)观察闪点的修正。用式(5-1)将观察闪点修正到标准大气压(101.3kPa)下的闪点(T_c)。

$$T_c = T_o + 0.25(101.3 - p) \tag{5-1}$$

式中：T_o——环境大气压下的观察闪点，℃；

p——环境大气压，kPa。

注：本公式仅限大气压在 98.0 ~ 104.7kPa 范围之内使用。

7. 试验报告

试验报告至少应该包括下述内容：

(1)注明执行本标准和所用的试验步骤；

(2)被测产品的类型和完整的标识；

(3)如果可能，报告预加热温度和预加热时间；

(4)仪器附近的环境大气压力；

(5)试验结果；

(6)注明按协议或其他原因，与规定试验步骤存在的任何差异；

(7)试验日期。

二、发动机油使用性能的评定试验

发动机试验要求是保证发动机油使用性能的重要手段，所以也是发动机油规格的主要内容之一。

发动机试验评定采用标准的单缸或多缸发动机。符合某一使用性能级别的发动机油必须通过该级别规定的发动机试验评定项目。随着新油品的出现，会有相应的试验方法诞生。所以，发动机试验方法在不断发展。目前，国际上广泛采用的发动机油使用性能的发动机试验方法，主要是美国的两个系列：一个是美国研究协调委员会(CRC)采用的 L 系列；另一个是以美国材料试验协会(ASTM)和美国石油协会(API)为中心制订的 MS 程序试验。另外，英国的皮特(Pettar)法在国际上的影响逐步扩大。根据这些试验方法，我国已制定了相应的标准。

1. L 系列试验方法

L 系列发动机试验方法是美国研究协调委员会在开特皮勒(Catterpillar)发动机油使用性能试验方法的差础上发展起来的。最初包括 L-1、L-2、…L-5 等试验方法，目前只保留了 L-1 系列柴油机试验和 L-4 系列汽油机试验，而且这两个系列的试验方法还在不断演变。

L-1 系列试验方法，由 L-1 相继演变为 1D、1G2 和 1H2 法。该系列试验方法主要用来评价 CC、CD 级柴油机油和 SD/CC、SE/CC、SF/CD 汽油机/柴油机通用油的高温清净性和抗磨性。

L-4 系列试验方法，由 L-1 原来采用雪佛兰 6 缸汽油机进行试验，后改为拉别克(Labeer)单缸汽油机，相继演变成 L-38 法。主要用来评定 SC、SE、SF、CC、CD 级发动机油和 SD/CC、SE/CC、SF/CC 汽油机/柴油机通用油的抗高温氧化和防轴瓦腐蚀性能。

2. MS 程序试验方法

mS 程序试验法是 1958 年为评定发动机油 API 旧分类中的 MS 级发动机油而制订的试验方法。当初是按 I ~ V 个程序，以不同目的在多缸试验机上进行。随着发动机油使用性能级别的提高，各程序的试验规范也不断修改，以 I、II、…V 每个程序后面注 A、B、C、D…来表示。目前，评定 SE、SP 级汽油机油和 SE/CC、SF/CD 汽油机/柴油机通用油均采用 IID、IIID、VD 法。IID 法是为了评定低温防锈蚀，IIID 法是为了评定抗高温氧化和腐蚀，VD 法是为了评定防低温沉积物的性能。为评定 SG 汽油机油，MS 程序试验已发展为 IID、IIIE、VE。

3. 皮特(Pettar)试验方法

在美国的发动机试验方法基础上，欧洲共同市场汽车制造商委员会(CCMC)发展了皮特(Pettar)试验方法，具体分为皮特 W-1 法和皮特 AVB 法。目前，在我国发动机油规格中，多采用皮特 AVB 法，用来评定 CC、CD、SC、SD、SE、SF 级发动机油和 SD/CC、SE/CC、SF/CD 汽油机/柴油机通用油的抗高温氧化和防轴瓦腐蚀性能。

4. 我国的试验方法

为发展和评价使用性能级别高的发动机油，我国从 20 世纪 80 年代末开始，逐步完善发动机油的实机评定方法。目前，相当于国际的 L-I 系列、L-4 系列、MS 程序试验方法和皮特试验方法的技术标准已经颁布，见表 5-2。

我国发动机油的发动机试验标准 表 5-2

相当于国际方法	我国技术标准
L-I 系列试验方法	GB/T 9932 内燃机油性能评定法(开特皮勒 1H2 法) GB/T 9933 内燃机油性能评定法(开特皮勒 1G2 法)
L-4 系列试验方法	SH/T 0265 内燃机油性高温氧化和轴瓦腐蚀试验(L-38 法)
MS 程序试验方法	SH/T 0512 汽油机油低温锈蚀评定法(MS 程序 IID 法) SH/T 0513 汽油机油高温氧化和磨损评定法(MS 程序 IIID 法) SH/T 0514 汽油机油低温沉积物评定法(MS 程序 VD 法) SH/T 0515EQC 汽油机油性能评定法(MS 程序 II、III、V 法) SH/T 0516EQD 汽油机油性能评定法(MS 程序 II、III、V 法)
皮特法	SH/T 0264 内燃机油性高温氧化和轴瓦腐蚀试验评定法(皮特 W-1 法) SH/T 0263 内燃机油性高温氧化和轴瓦腐蚀试验评定法(皮特 AVB 法)

汽车发动机油的模拟冷起动试验(CCS)标准为《发动机油表观黏度测定法(冷起动模拟法)》(GB/T 6538—2010)。

方法概要：用直流电动机驱动一个与定子紧密配合的转子，在转子和定子的空隙间充满样品，通过调节流过定子的冷却剂流量来维持试验温度，并在靠近定子内壁处测定这一温度。校正直流电动机的转速使之作为黏度的函数。由校正的结果和直流电动机的转速来确定样品油的黏度。

第三节　发动机油的分类

一、国外发动机油的分类

发动机油的分类包括按黏度分类和按使用性能分类两个方面。国际上广泛采用美国汽车工程师学会（SAE）的黏度分类法和美国石油协会（API）的使用性能分类法。上述分类方法与汽车发动机各发展阶段的结构、性能和使用要求有紧密的联系。

1. 发动机油的 SAE 黏度分类

1911 年，美国汽车工程师学会（SAE）制订了黏度分类法，以后曾几次修改，目前执行的是《发动机油黏度分类》（SAE J300—1987）（表 5-3），本标准采用含字母 W 和不含字母 W 两组系列，黏度等级号的划分，前者以最大低温黏度、最高边界泵送温度和 100℃时的最小运动黏度划分，后者仅以 100℃时的运动黏度划分。冬用发动机油黏度等级以 6 个含 W 的低温黏度级号（0W、5W、10W、15W、20W 和 25W）表示；夏用发动机油黏度等级以 5 个不含 W 的 100℃时的运动黏度级号（20、30、40、50 和 60）表示。

发动机油 SAE 黏度分类　　　表 5-3

SAE 黏度等级	在相应温度下的最大黏度 (Pa·s)(mPa·s)(℃)		最高边界泵送温度 (℃)	最大稳定倾点 (℃)	100℃运动黏度（mm^2/s）	
					最小	最大
0W	3.25(3 250)	-30℃	-35		3.8	
5W	3.5(3 500)	-25℃	-30	-35	3.8	
10W	3.5(3 500)	-20℃	-25	-30	4.1	
15W	3.5(3 500)	-15℃	-20		5.6	
20W	4.5(4 500)	-10℃	-15		5.6	
25W	6.0(6 000)	-5℃	-10		9.3	
20					5.6	低于 9.3
30					9.3	低于 12.5
40					12.5	低于 16.3
50					16.3	低于 21.9
60					21.8	低于 26.1

按美国汽车工程师学会（SAE）黏度分类的发动机油，还有单黏度级和多黏度级（稠化机油）之分。只能满足低温或高温一种黏度级要求的发动机油，为单黏度级发动机油。既能满足低温时的黏度级要求，又能满足高温时黏度级要求的发动机油，为多黏度级发动机油。它由低温黏度级号与高温黏度级号组合来表示，例如 5W/30，其含义是：这是一种多黏度级发动机油，这种油在低温使用时符合 SAE 5W 黏度级；在 100℃时运动黏度符合 SAE30 黏度级。

2. 发动机油 API 使用性能分类

发动机油的使用性能分类，就是根据在发动机试验评定中所表现的抗磨性、清净分散性、抗氧性和抗腐性等确定其等级。

发动机油 API 使用性能分类始于 1947 年，当时只将发动机油分为普通、优质和重负荷 3 级。

1952 年的 API 使用性能分类,将汽油机油分为 ML、MM 和 MS(相当以后新分类的 SA、SB、SC 或 SD)3 级;将柴油机油分为 DC、DM 和 DS(相当以后新分类的 CA、CB 或 CC 和 CD)3 级。

1970 年,美国石油协会(API)、美国汽车工程师学会(SAE)和美国材料试验协会(ASTE),共同提出了发动机油的使用性能必须通过规定的发动机试验来确定,即 API 使用性能分类法。该分类将汽油机油定为 S 系列(SERVICE STATION CLASSIFICATION,即供应站分类);将柴油机油定为 C 系列(COMMERCIALCLASSIFICATION 即工商业分类)。美国汽车工程师学会标准《发动机油性能及发动机油使用分类》(SAE Jl83—1991)是现行的分类方法。在 S 系列中有 SA、SB、SC、SD、SE、SF、SG 和 SH 8 个等级;在 C 系列中有 CA、CB、CC、CD、CD-II、CE、CF-4 共 7 个等级。它是按发动机强化程度和工作条件的苛刻程度来划分的,为了保证油品的使用性能,以上两个系列的各级油品,质量除应符合各自规定的理化性能要求外,还必须通过规定的发动机试验。API 使用性能分类法是一种开端分类法,今后将随着发动机和发动机油技术的发展,顺次增加新级别的油品。

二、国内发动机油的分类

1. 黏度分类

《内燃机油黏度分类》(GB/T 14906—1994)确定了发动机油的黏度等级(表 5-4),它是参照美国汽车工程师学会《发动机油黏度分类》(SAE J300—1987)制订的。该分类标准采用含字母 W 和不含字母 W 两组黏度等级系列,黏度等级号前者以最大低温黏度、最高边界泵送温度和 100℃时的最小运动黏度划分,后者仅以 100℃时的运动黏度划分。

我国发动机油的黏度分类(GB/T 14906—1994) 表 5-4

SAE 黏度等级	最大低温黏度		最高边界泵送温度 (℃)	100℃运动黏度(mm^2/s)	
	(mPa·s)	℃		最小	最大
0W	3 250	-30	-35	3.8	
5W	3 500	-25	-30	3.8	
10W	3 500	-20	-25	4.1	
15W	3 500	-15	-20	5.6	
20W	4 500	-10	-15	5.6	
25W	6 000	-5	-10	9.3	
20				5.6	低于 9.3
30				9.3	低于 12.5
40				12.5	低于 16.3
50				16.3	低于 21.9
60				21.8	低于 26.1

黏度牌号也有单级油和多级油之分。任何一种牛顿油可标为单级油。一些经黏度指数改进剂调配,具有多黏度等级的产品是非牛顿油,应标注适当的多黏度等级。一种多黏度级的发动机油,其低温黏度和边界泵送温度满足系列中一个 W 级的需要,并且 100℃运动黏度是在系列中的一个非 W 级分类规定的黏度范围之内,即含 W 的低温黏度级和 100℃运动黏度级,并且两黏度级号之差至少等于 15。例如,一种多级油可标为 10W/30 或 20W/40,不可标为 10W/20 或 20W/20。一种产品可能同时符合多个 W 级,所标记的含 W 级号或多黏度等级号只取最低 W 级号。例如,一种多级油同时符合 10W、15W、20W、25W 和 30 级号,

黏度牌号只能标为10W/30。

2. 使用性能分类

《内燃机油分类》(GB/T 7631.3—1995)是非等效采用《发动机油性能及发动机油使用分类》(SAE J183—1991)制订的。该标准规定了汽车用及其他固定式内燃机润滑油(汽油机油和柴油机油)的详细分类,不包括铁路内燃机车柴油机油和船用柴油机油。

四冲程发动机油的详细分类是根据产品特性、使用场合和使用对象确定的。汽油机油第一个字母用S表示,具体分类见表5-5。柴油机油第一个字母用C表示,具体分类见表5-6。分类中现已生产的各类产品使用性能与API分类对应关系见表5-7。

汽油机油详细分类 表5-5

品种代号	特性和使用场合
SA(废除)	用于运行条件非常温和的老式发动机,该油品不含添加剂,对使用性能无特殊要求
SB(废除)	用于缓和条件下工作的货车、客车或其他汽油机,也可用于要求使用API SB级油的汽油机。仅具有抗擦伤、抗氧化和抗轴承腐蚀性能
SC(废除)	用于货车、客车和某些其他汽油机以及要求使用API SC级油的汽油机,可控制汽油机高低温沉积物、磨损、锈蚀和腐蚀
SD(废除)	用于货车、客车和某些轿车的汽油机以及要求使用API SD、SC级油的汽油机,此种油品控制汽油机高低温沉积物、磨损、锈蚀和腐蚀的性能优于SC,并可替代SC
SE	用于轿车和某些货车的汽油机以及要求使用API SE、SD级油的汽油机。此种油品的抗氧化性能及控制汽油机高低温沉积物、磨损、锈蚀和腐蚀的性能优于SD或SC,并可替代SD或SC
SF	用于轿车和某些货车的汽油机以及要求使用API SF、SE、SC级油的汽油机。此种油品的抗氧化性和抗磨损性优于SE,还具有控制汽油机高低温沉积物、锈蚀和腐蚀的性能,并可替代SE、SD或SC
SG	用于轿车和某些货车的汽油机以及要求使用API级油的汽油机。SG质量还包括CC(或CD)的使用性能,此种油品改进了SF级油控制发动机沉积物、磨损和油品的氧化性能,并具有抗锈蚀和腐蚀的性能,并可替代SF、SF/CD、SE或SE/CC
SH	用于轿车和轻型货车的汽油机以及要求使用API SH级油的汽油机。SH质量在汽油机磨损、锈蚀和腐蚀及沉积物的控制和油的氧化方面优于SG,并可替代SG
SJ	用于轿车和轻型货车的汽油机以及要求使用API SH级油的汽油机。SH质量在汽油机磨损、锈蚀和腐蚀及沉积物的控制和油的氧化方面优于SG,并可替代SG。适用于1996年出厂的汽油发动机
SL	用于轿车和轻型货车的汽油机以及要求使用API SH级油的汽油机。SH质量在汽油机磨损、锈蚀和腐蚀及沉积物的控制和油的氧化方面优于SG,并可替代SG。适用于2001年出厂的汽油发动机

柴油机油详细分类 表5-6

品种代号	特性和使用场合
CA(废除)	用于使用优质燃料,在轻到中负荷下运行的柴油机以及要求使用API CA级油的柴油机,有时也适用于运行条件温和的汽油机,具有一定的高温清洁性和抗氧化性
CB(废除)	用于燃料质量较低,在轻到中负荷下运行的柴油机以及要求使用API CB级油的柴油机,有时也适用于运行条件温和的汽油机,具有控制发动机高温沉积物和轴承腐蚀的性能

续上表

品种代号	特性和使用场合
CC(废除)	用于在中到重负荷下运行的非增压、低增压或增压式柴油机,并包括一些重负荷汽油机,对于柴油机具有控制高温沉积物和轴承腐蚀的性能,对于汽油机具有控制锈蚀、腐蚀和高温沉积物的性能,并可替代 CA、CB 级油
CD	用于需要高效控制磨损和沉积物或使用高硫燃料非增压、低增压或增压式柴油机以及国外 API CD 级油的柴油机,具有控制轴承腐蚀和高温沉积物的性能,并可替代 CC 级
CD-II	用于要求高效控制磨损和沉积物的重负荷二冲程柴油机以及要求使用 API CD-II 级油的柴油机,同时也满足 CD 级油性能要求
CE	用于在低速高负荷和高速高负荷条件下运行的低增压和增压式重负荷柴油机以及要求使用 API CE 级油的柴油机,同时也满足 CD 级油性能要求
CF-4	用于高速四冲程柴油机以及要求使用 API CF-4 级油的柴油机。在油耗和活塞沉积物控制方面性能优于 CE 级油并可替代 CE 级油,此种油品特别适用于高速公路行驶的重负荷货车
CG-4	用于高速四冲程柴油机以及要求使用 API CG-4 级油的柴油机。在油耗和活塞沉积物控制方面性能优于 CF 级油并可替代 CF 级油,此种油品特别适用于高速公路行驶的重负荷货车
CH-4	用于高速四冲程柴油机以及要求使用 API CH-4 级油的柴油机。在油耗和活塞沉积物控制方面性能优于 CG 级油并可替代 CG 级油,此种油品特别适用于高速公路行驶的重负荷货车
CI-4	用于高速四冲程柴油机以及要求使用 API CI-4 级油的柴油机。在油耗和活塞沉积物控制方面性能优于 CH 级油并可替代 CH 级油,此种油品特别适用于高速公路行驶的重负荷货车

我国发动机油分类中已生产的各类产品使用性能与 API 分类的对应关系　　表 5-7

我国发动机油分类	API 分类	我国发动机油分类	API 分类
SC	≠SC	SF	= SF
SD	≠SD	CC	= CC
SE	= SE	DD	= DD

发动机油的命名和标记,应包括使用性能级别代号和黏度级别代号两部分。

例如,一种特定的汽油机油产品可命名为 SE30;一种特定的柴油机油产品可命名为 CC 10W/30;一种特定的汽油机/柴油机通用油产品可命名为 SE/CC 15W/40。

第四节　发动机油的使用性能

发动机油的使用性能对发动机的动力性、经济性、技术状况和使用寿命有直接的影响。

一、汽油机油的使用性能及要求

国家质量监督检验检疫总局于 2006 年 7 月 18 日发布了《汽油机油》(GB 11121—2006),自 2007 年 1 月 1 日起替代《汽油机油》(GB 11121—1995)。GB 11121—2006 标准与 GB 11121—1995 标准相比,主要变化如下:

(1)废止 SC、SD 质量等级。

（2）增加 SG、SH、GF-1、SJ、GF-2、SL 和 GF-3 质量等级。

（3）对于黏度等级的设置，GB 11121—1995 仅包括部分黏度牌号，新标准基本覆盖了所有可能的应用要求，取消了 20/20W 黏度等级。

（4）不再对通用内燃机油品种作具体规定。

《汽油机油》（GB 11121—2006）包括 SE、SF、SG、SH、GF-1、SJ、GF-2、SL 和 GF-3 等 9 个汽油机油品种。

以我国 SE、SF 级油为例，汽油机油的黏温性能要求、模拟性能和理化性能及发动机试验要求分别见表 5-8 ~ 表 5-10。

汽油机油黏温性能要求 表 5-8

项目		低温动力黏度（mPa·s）≤	边界泵送温度（℃）≤	运动黏度（100℃）（mm^2/s）	黏度指数 ≥	倾点（℃）≤
试验方法		GB/T 6538	GB/T 9171	GB/T 265	GB/T 1995、GB/T 2541	GB/T 3535
质量等级	黏度等级	—	—	—	—	—
SE、SF	0W-20	3 250（-30℃）	-35	5.6 ~ <9.3	—	-40
	0W-30	3 250（-30℃）	-35	9.3 ~ <12.5	—	
	5W-20	3 500（-25℃）	-30	5.6 ~ <9.3	—	-35
	5W-30	3 500（-25℃）	-30	9.3 ~ <12.5	—	
	5W-40	3 500（-25℃）	-30	12.5 ~ <16.3	—	
	5W-50	3 500（-25℃）	-30	16.3 ~ <21.9	—	
	10W-30	3 500（-20℃）	-25	9.3 ~ <12.5	—	-30
	10W-40	3 500（-20℃）	-25	12.5 ~ <16.3	—	
	10W-50	3 500（-20℃）	-25	16.3 ~ <21.9	—	
	15W-30	3 500（-15℃）	-20	9.3 ~ <12.5	—	-23
	15W-40	3 500（-15℃）	-20	12.5 ~ <16.3	—	
	15W-50	3 500（-15℃）	-20	16.3 ~ <21.9	—	
	20W-40	4 500（-10℃）	-15	12.5 ~ <16.3	—	-18
	20W-50	4 500（-10℃）	-15	16.3 ~ <21.9	—	
	30	—	—	9.3 ~ <12.5	75	-15
	40	—	—	12.5 ~ <16.3	80	-10
	50	—	—	16.3 ~ <21.9	80	-5

汽油机油模拟性能和理化性能 表 5-9

项目	质量指标 SE　SF	试验方法
水分（体积分数）（%） ≤	痕迹	GB/T 260
泡沫性（泡沫倾向性，泡沫稳定性）（质量分数）		GB/T 12579
24℃ ≤	25/0	
93.5℃ ≤	150/0	
后 24℃ ≤	25/0	

续上表

项　　目		质量指标	试验方法
		SE　SF	
机械杂质(质量分数)(%)	≤	0.01	GB/T 511
闪点(开口)(℃) (黏度等级)	≥	200(0W、5W 多级油); 205(10W 多级油); 215(15W、20W 多级油); 220(30); 225(40); 230(50)	GB/T 3536
碱值(以 KOH 计)(mg/g)		报告	SH/T 0251
硫酸盐灰分(质量分数)(%)		报告	GB/T 2433
硫含量[①](质量分数)(%)		报告	GB/T 387、GB/T 388、GB/T 11140、GB/T 17040、GB/T 17476、SH/T 0172、SH/T 0631、SH/T 0749
磷含量[①](质量分数)(%)		报告	GB/T 17476、SH/T 0296、SH/T 0631、SH/T 0749
氮含量(质量分数)(%)		报告	GB/T 9170、SH/T 0656、SH/T 0704

注:①生产者在每批产品出厂时,要向使用者或经销者报告该项目的实测值,有争议时以发动机台架试验结果为准。

汽油机油发动机试验要求　　表 5-10

品种代号	项　　目		质量指标	试验方法
SE	L-38 发动机试验			SH/T 0265
	轴瓦失重[①](mg)	≤	40	
	剪切安定性[②]		在本等级油黏度范围之内	SH/T 0265
	100℃运动黏度(mm^2/s)		(适用于多级油)	GB/T 265
	程序 IID 发动机试验			
	发动机锈蚀平均评分	≤	8.5	SH/T 0512
	挺杆粘结数		无	
	程序 IIID 发动机试验			
	黏度增长(40℃,40h)(%)	≤	375	
	发动机平均评分(64h)			
	发动机油泥平均评分	≥	9.2	
	活塞裙部漆膜平均评分	≥	9.1	
	油环台沉积物平均评分	≥	4.0	
	环粘结		无	SH/T 0513
	挺杆粘结		无	SH/T 0783
	擦伤和磨损(64h)			
	凸轮或挺杆擦伤		无	
	凸轮和挺杆磨损(mm)			
	平均值	≤	0.102	
	最大值	≤	0.254	

续上表

品种代号	项目		质量指标	试验方法
SE	程序 VD 发动机试验			SH/T 0514
	发动机油泥平均评分	≥	9.2	SH/T 0672
	活塞裙部漆膜平均评分	≥	6.4	
	发动机漆膜平均评分	≥	6.3	
	机油滤网堵塞(%)	≤	10.0	
	油环堵塞(%)	≤	10.0	
	压缩环粘结		无	
	凸轮磨损(mm)			
	平均值		报告	
	最大值		报告	
SF	L-38 发动机试验			SH/T 0265
	轴瓦失重①(mg)	≤	40	
	剪切安定性②		在本等级油黏度范围之内	SH/T 0265
	100℃运动黏度(mm^2/s)		(适用于多级油)	GB/T 265
	程序 IID 发动机试验			SH/T 0512
	发动机锈蚀平均评分	≤	8.5	
	挺杆粘结数		无	
	程序 IIID 发动机试验			SH/T 0513
	黏度增长(40℃,40h)(%)	≤	375	SH/T 0783
	发动机平均评分(64h)			
	发动机油泥平均评分	≥	9.2	
	活塞裙部漆膜平均评分	≥	9.2	
	油环台沉积物平均评分	≥	4.8	
	环粘结		无	
	挺杆粘结		无	
	擦伤和磨损(64h)			
	凸轮或挺杆擦伤		无	
	凸轮和挺杆磨损(mm)			
	平均值	≤	0.102	
	最大值	≤	0.203	
	程序 VD 发动机试验			SH/T 0514
	发动机油泥平均评分	≥	9.4	SH/T 0672
	活塞裙部漆膜平均评分	≥	6.7	
	发动机漆膜平均评分	≥	6.6	
	机油滤网堵塞(%)	≤	7.5	
	油环堵塞(%)	≤	10.0	
	压缩环粘结		无	
	凸轮磨损(mm)			
	平均值		0.025	
	最大值		0.064	

注:1. 对于一个确定的汽油机油配方,不可随意更换基础油,也不可以随意进行黏度等级的延伸。在基础油必须变更时,应按照 API 1509 附录 E“轿车发动机油和柴油机油 API 基础油互换准则”进行相关的试验并保留试验结果备查;在进行黏度等级延伸时,应按照 API 1509 附录 F“SAE 黏度等级发动机试验的 API 导则”进行相关的试验并保留试验结果备查。

2. 发动机台架试验的相关说明参见 ASTM D4485“S 发动机油类别”中的脚注。

①亦可用 SH/T 0264 方法评定,指标为轴瓦失重不大于 25mg。

②按 SH/T 0265 方法运转 10 h 后取样,采用 GB/T 265 方法测定 100℃运动黏度。在用 SH/T 0264 评定轴承腐蚀时,剪切安定性用 SH/T 0505 方法测定,指标不变。如有争议时,以 SH/T 0265 和 GB/T 265 方法为准。

二、柴油机油的使用性能及要求

国家质量监督检验检疫总局于 2006 年 7 月 18 日发布了《柴油机油》（GB 11122—2006），自 2007 年 1 月 1 日起《柴油机油》（GB 11122—1997）废止使用。

《柴油机油》（GB 11122—2006）包括 CC、CD、CF、CF-4、CH-4 和 CI-4 共 6 个柴油机油品种。每个品种按 GB/T 14906 或 SAE J300 划分黏度等级。

以我国 CC、CD 级油为例，柴油机油的黏温性能要求、理化性能和模拟台架性能要求和使用性能要求分别见表 5-11 ~ 表 5-13。

柴油机油黏温性能要求 表 5-11

项目		低温动力黏度（mPa·s）≤	边界泵送温度（℃）≤	运动黏度（100℃）（mm^2/s）	高温高剪切黏度（150℃，$10^6 s^{-1}$），（mPa·s）≥	黏度指数 ≥	倾点（℃）≤
试验方法		GB/T 6538	GB/T 9171	GB/T 265	SH/T 0618②、SH/T 0703、SH/T 0751	GB/T 1995、GB/T 2541	GB/T 3535
质量等级	黏度等级	—	—	—	—	—	—
CC①、CD	0W-20	3 250（-30℃）	-35	5.6 ~ <9.3	2.6	—	
	0W-30	3 250（-30℃）	-35	9.3 ~ <12.5	2.9	—	-40
	0W-40	3 250（-30℃）	-35	12.5 ~ <16.3	2.9	—	
	5W-20	3 500（-25℃）	-30	5.6 ~ <9.3	2.6	—	
	5W-30	3 500（-25℃）	-30	9.3 ~ <12.5	2.9	—	-35
	5W-40	3 500（-25℃）	-30	12.5 ~ <16.3	2.9	—	
	5W-50	3 500（-25℃）	-30	16.3 ~ <21.9	3.7	—	
	10W-30	3 500（-20℃）	-25	9.3 ~ <12.5	2.9	—	
	10W-40	3 500（-20℃）	-25	12.5 ~ <16.3	2.9	—	-30
	10W-50	3 500（-20℃）	-25	16.3 ~ <21.9	3.7	—	
	15W-30	3 500（-15℃）	-20	9.3 ~ <12.5	2.9	—	
	15W-40	3 500（-15℃）	-20	12.5 ~ <16.3	3.7	—	-23
	15W-50	3 500（-15℃）	-20	16.3 ~ <21.9	3.7	—	
	20W-40	4 500（-10℃）	-15	12.5 ~ <16.3	3.7	—	
	20W-50	4 500（-10℃）	-15	16.3 ~ <21.9	3.7	—	-18
	20W-60	4 500（-10℃）	-15	21.9 ~ <26.1	3.7	—	
	30	—	—	9.3 ~ <12.5	—	75	-15
	40	—	—	12.5 ~ <16.3	—	80	-10
	50	—	—	16.3 ~ <21.9	—	80	-5
	60	—	—	21.9 ~ <26.1	—	80	-5

注：①CC 不要求测定高温高剪切黏度。

②为仲裁方法。

柴油机油理化性能和模拟台架性能要求 表 5-12

项　　目		质量指标	试验方法
		CC　　CD	
水分(体积分数)(%)	≤	痕迹	GB/T 260
泡沫性(泡沫倾向性,泡沫稳定性)(mL/mL)			GB/T 12579
24℃	≤	25/0	
93.5℃	≤	150/0	
后 24℃	≤	25/0	
机械杂质(质量分数)(%)	≤	0.01	GB/T 511
闪点(℃)(黏度等级)	≥	200(0W、5W 多级油) 205(10W 多级油) 215(15W、20W 多级油) 220(30) 225(40) 230(50) 240(60)	GB/T 3536
碱值(以 KOH 计)[①](mg/g)		报告	SH/T 0251
硫酸盐灰分(质量分数)(%)		报告	GB/T 2433
硫含量[①](质量分数)(%)		报告	GB/T 387、GB/T 388、GB/T 11140、GB/T 17040、GB/T 17476、SH/T 0172、SH/T 0631、SH/T 0749
磷含量[①](质量分数)(%)		报告	GB/T 17476、SH/T 0296、SH/T 0631、SH/T 0749
氮含量[①](质量分数)(%)		报告	GB/T 9170、SH/T 0656、SH/T 0704

注:①生产者在每批产品出厂时,要向使用者或经销者报告该项目的实测值,有争议时以发动机台架试验结果为准。

柴油机油使用性能要求 表 5-13

品种代号	项　　目		质量指标	试验方法
CC	L-38 发动机试验			SH/T 0265
	轴瓦失重[①](mg)	≤	50	
	活塞裙部漆膜评分	≥	9.0	
	剪切安定性[②]		在本等级油黏度范围之内	SH/T 0265
	100℃运动黏度(mm^2/s)		(适用于多级油)	GB/T 265
	高温清净性和抗磨试验(开特皮勒 1H2 法):			GB/T 9932
	顶环槽积炭填充体积(体积分数)(%)	≤	45	
	总缺点加权评分	≤	140	
	活塞环侧间隙损失(mm)	≤	0.013	

续上表

品种代号	项　目		质量指标	试验方法
CD	L-38 发动机试验			SH/T 0265
	轴瓦失重①(mg)	≤	50	
	活塞裙部漆膜评分	≤	9.0	
	剪切安定性②		在本等级油黏度范围之内	SH/T 0265
	100℃运动黏度(mm^2/s)		(适用于多级油)	GB/T 265
	高温清净性和抗磨试验(开特皮勒 1G2 法):			GB/T 9932
	顶环槽积炭填充体积(体积分数)(%)	≤	80	
	总缺点加权评分	≤	300	
	活塞环侧间隙损失(mm)	≤	0.013	

注:1. 对于一个确定的柴油机油配方,不可随意更换基础油,也不可以随意进行黏度等级的延伸。在基础油必须变更时,应按照 API 1509 附录 E"轿车发动机油和柴油机油 API 基础油互换准则"进行相关的试验并保留试验结果备查;在进行黏度等级延伸时,应按照 API 1509 附录 F"SAE 黏度等级发动机试验的 API 导则"进行相关的试验并保留试验结果备查。

2. 发动机台架试验的相关说明参见 ASTM D4485"C 发动机油类别"中的脚注。

①亦可用 SH/T 0264 方法评定,指标为轴瓦失重不大于 25mg。

②按 SH/T 0265 方法运转 10 h 后取样,采用 GB/T 265 方法测定 100℃运动黏度。在用 SH/T 0264 评定轴承腐蚀时,剪切安定性用 SH/T 0505 和 GB/T 265 方法测定,指标不变。如有争议时,以 SH/T 0265 和 GB/T 265 方法为准。

第五节　发动机油的选择

发动机油选择得好坏,直接影响发动机使用性能的发挥,影响发动机工作状态、承载能力、发动机主要零部件的磨损及其使用寿命、机油的消耗和经济性等。特别是现代高速发动机,由于转速加快,使发动机的工作条件更加苛刻,因此,选择合适的发动机油是至关重要的。选择发动机油时,不仅要考虑环境、气候和使用条件,而且要考虑发动机的性能、结构、工作条件、发动机工况和技术状况等内容,选择适当级别的发动机油。发动机油的选择应兼顾使用性能级别与黏度级别两个方面。

一、使用性能级别的选择

选择发动机油使用性能级别,主要根据发动机性能、结构、工作条件和燃料品质。汽油机油使用性能级别的选择一般应考虑:

(1)发动机压缩比、排量、最大功率、最大转矩。

(2)发动机油负荷,即发动机功率(kW)与曲轴箱机油容量(L)之比。

(3)曲轴箱强制通风、废气再循环等排气净化装置的采用对发动机油的影响。

(4)汽车时开、时停等工况对生成沉积物和发动机油氧化的影响等。

柴油机油使用性能级别的选择主要根据发动机的平均有效压力、活塞平均速度、机油负荷、使用条件和柴油的硫含量。

发动机的平均有效压力、活塞平均速度等反映发动机的强化程度,用强化系数 K_ϕ 表示。对于四冲程柴油机:

$$K_{\phi} = 5P_{me}C_{m} \tag{5-2}$$

式中:K_{ϕ}——强化系数;

P_{me}——发动机的平均有效压力,MPa;

C_{m}——活塞平均速度,m/s。

而

$$P_{me} = \frac{30N_{e}\tau}{V_{n}}(\mathrm{MPa}) \tag{5-3}$$

式中:N_{e}——发动机有效功率,kW;

τ——发动机冲程数;

V——发动机排量,L;

n——发动机转速,r/min。

$$C_{m} = \frac{Sn}{30} \tag{5-4}$$

式中:S——活塞行程,m。

强化系数与柴油机油使用性能级别的关系见表5-14。但使用硫含量高的柴油或运行条件苛刻,选用的柴油机油使用性能级别要相应提高。

柴油机的强化程度对柴油机油使用性能级别的要求 表5-14

柴油机的强化程度	强 化 系 数	要求的柴油机油使用性能级别
高强化	大于50	CD或CE
中强化	30~50	CC(废除)
低强化	小于30	CA(废除)或CB(废除)

例如解放CA1091K2型载货汽车,装用的发动机为CA6110A型柴油机,其强化系数为36,在30~50之间,可选用CC级柴油机油。

二、黏度级别的选择

选择发动机油的黏度级别主要是根据气温、发动机工况和发动机的技术状况。

发动机油的黏度要保证发动机在低温条件下容易起动,而在热状态下又能维持足够的黏度以保证正常润滑。

考虑工况:重载低速和高温下应选择黏度较大的发动机油;轻载高速应选择黏度较小的发动机油。

发动机油黏度级别的选择,还与发动机的技术状况有关。新发动机应选择黏度较小的发动机油;磨损严重的发动机应选择黏度较大的发动机油。

发动机油黏度级别选择可参考表5-15。

SAE黏度级号适用的气温 表5-15

SAE黏度级号	适用温度(℃)	SAE黏度级号	适用温度(℃)
5W/30	-30~30	20/20W	-15~20
10W/30	-25~30	30	-10~30
15W/30	-20~30	40	-5~40以上
15W/40	-20~40以上		

第六节　在用发动机油的更换

发动机油在使用过程中,由于添加剂的消耗,发动机油本身在高温下的氧化,燃烧产物的影响,外部尘埃、水分等的混入,使发动机油劣化变质。

发动机油劣化变质后,沉积物增多、润滑性能下降,使零件增加腐蚀和磨损,因此,对在用发动机油应适时更换。

发动机油使用时间的长短,不仅与发动机油使用性能有关,还与发动机的技术状况、维修质量有关。为减缓发动机油变质速度,延长换油期,对其的基本要求是:

(1)根据发动机型号及其工作环境温度,选择合适的使用性能级别和黏度级别的发动机油。

(2)发动机技术状况和使用情况正常。

(3)根据有关规定对汽车进行强制维护。

发动机油的更换准则可根据车辆的行驶里程(或发动机的工作时间)来定,叫做定期换油;可以根据发动机油的使用性能来定,叫做按质换油;还可以采用在发动机油油质监测下的定期换油。

一、定期换油

发动机油的劣化,尤其是化学变化,受使用时间、使用条件和工况影响较大。其中,使用时间比较易于掌握。定期换油就是按照行驶里程或使用时间对发动机油使用性能的影响规律来进行更换。换油期应按照发动机油使用性能变化的影响规律来确定。换油期与发动机油使用性能级别、发动机技术状况和运行条件有关。

二、按质换油

对于能够反映在用发动机油质量的一些有代表性项目规定的换油限值,在用发动机油有一项指标达到了换油指标要求的应更换新油的规定,就应当及时更换发动机油。现行的在用发动机油换油标准是《汽油机油换油指标》(GB/T 8028—2010)(表5-16)和《柴油机油换油指标》(GB/T 7607—2010)(表5-17)。相关的换油指标所规定的检验项目中的几个概念说明如下。

汽油机油换油指标　　表5-16

项　目		换油指标		实验方法
		SE、SF	SG、SH、SJ(SJ/GF-2) SL(SL/GF-3)	
运动黏度变化率(100℃)(%)	>	±25	±20	GB/T 265 或 GB/T 1137 和 GB/T 8028 中 3.2
闪点(闭口)(℃)	<	100		GB/T 261
酸值-碱值(以 KOH 计)(mg/g) 增加值	<	—	0.5	SH/T 0251 GB/T 7304

续上表

项目	换油指标		实验方法
	SE、SF	SG、SH、SJ(SJ/GF-2) SL(SL/GF-3)	
燃油稀释(质量分数)(%) >	—	5.0	SH/T 0474
酸值(以 KOH 计)(mg/g) 增加值 >	2.0		GB/T 7304
正戊烷不溶物(质量分数)(%) >	1.5		GB/T 8926B 法
水分(质量分数)(%) >	0.2		GB/T 260
铁含量(μg/g) >	150	70	SH/T 17476① SH/T 0077 ASTM D6595
铜含量(μg/g) 增加值 >	—	40	SH/T 17476
铝含量(μg/g) 增加值 >	—	30	SH/T 17476
硅含量(μg/g) 增加值 >	—	30	SH/T 17476

注:①此方法为仲裁方法。执行本标准的发动机技术状况和使用状况正常。

柴油机油换油指标　　表 5-17

项目	换油指标				试验方法
	CC	CD、SF/CD	CF-4	CH-4	
100℃运动黏度变化率(%) >	±25		±20		GB/T 11137 和 GB/T 7067 中 3.2
闪点(闭口)(℃) <	130				GB/T 261
碱值下降率(%) >	50②				SH/T 0251③、SH/T 0688 和 GB/T 7067 中 3.3
酸值增值(以 KOH 计)(mg/g) >	2.5				GB/T 7304
正戊烷不溶物(m/m)(%) >	2.0				GB/T 8926 B 法
水分(质量分数)(%) >	0.2				GB/T 260
铁含量(μg/g) >	200 100①	150 100①	150		SH/T 0077、SH/T 17476③ ASTM D6595
铜含量(μg/g) >	—	—	40		SH/T 17476
铝含量(μg/g) >	—	—	30		SH/T 17476
硅含量(μg/g) 增加值 >	—	—	30		SH/T 17476

注:①适用于固定式柴油机。

②采用统一检测方法。

③此方法为仲裁方法。

1. 运动黏度度变化率(100℃)

100℃运动黏度变化率η用下式表示:

$$\eta = \frac{u_2 - u_1}{u_2} \times 100\% \tag{5-5}$$

式中:u_1——新油的运动黏度实测值,mm^2/s;

u_2——使用中油的运动黏度实测值,mm^2/s。

运动黏度是衡量油品油膜强度、流动性的重要指标,而运动黏度变化率反映了油品的油膜强度、流动性的变化情况。

在用油运动黏度的变化反映了油品发生深度氧化、聚合、轻组分挥发生成油泥以及受燃油稀释、水污染和机械剪切的综合结果。黏度的增长会增加动力消耗,过高的黏度增长甚至会带来泵送困难,从而影响润滑造成事故。黏度的下降则会造成发动机油油膜变薄,润滑性能下降,机件磨损加大,黏度大幅下降往往会造成拉缸的后果。

2. 燃油稀释

车辆在使用过程中,因种种原因燃料会部分窜入机油油底壳,污染发动机油,甚至会造成拉缸的严重后果。通常只有发动机活塞间隙变大或发生不正常磨损等异常情况时,燃油才会大量进入润滑油中。

3. 闪点(闭口)

汽油机油的闪点反映出油品馏分的组成,是确保油品安全运输、储存的重要数据。润滑油在使用中其闪点如显著下降,可能是因燃油稀释造成,需引起重视。由于在用油中不可避免地存在燃油稀释,采用闭口杯法能更有效地检测燃油稀释对油品闪点的影响。

4. 水分

发动机在做功过程中,燃料燃烧生成的水蒸气以及通过油箱呼吸孔吸入的水蒸气,会进入发动机油中造成污染。油中的水分会导致油品乳化变质,并造成发动机零部件表面的锈蚀、腐蚀。在工作中,由于发动机油始终处于相对较高的温度(大于80℃)下,正常情况下油中的水含量均较低。

5. 酸值增加和碱值的变化

油品在使用中受温度、水分或其他因素的影响,油品会逐渐老化变质。随着油品老化程度的增加,产生较多的酸性物质,使油品酸值增加;较大量的酸性物质对设备造成一定程度的腐蚀,并在金属的催化作用下,继续加速油品的老化,影响发动机正常运行。

油品的碱值是用于中和燃烧生成的强酸性物质及油品自身氧化产生的有机酸,因此,碱值的下降直接反映了油品中添加剂有效组分的消耗、使用性能的下降。

6. 正戊烷不溶物

正戊烷不溶物是反映油品溶污能力的一个指标。在用油正戊烷不溶物含量达到一定值后,油品黏度增大、流动性变差,油品中的不溶物聚集成团,堵塞油路,造成润滑不良等严重后果。

7. 铜、铝磨损金属含量

发动机的主要磨损件为缸套、曲轴、活塞环等,因此,油品的抗磨损性能和在行驶过程中机件的磨损情况,可通过定期分析试油中 Fe、Cu、Al 等金属含量的变化来评价。

8. 硅含量

在用油中硅元素的来源主要与车辆的行驶环境有关,当车辆行驶于尘土飞扬的恶劣环境中或空气滤清器不正常，都会造成油中硅含量的大量增加，造成发动机零部件的磨料磨损。

三、发动机油质量监控与更换

这种方法在规定了发动机油换油期的同时，也监测在用油的综合指标，必要时可提前报废。

就汽车发动机而言，对在用发动机油换油周期的确定，目前，国内外多采用定期换油方式。这主要是因为汽车已成为一种非常大众化的交通工具。而每辆汽车的发动机油用量很少，油样化验费用高，定期换油比较经济。在美国，单独测定发动机油黏度的费用相当于小型发动机曲轴箱一次换油的费用，一个油样的常规分析费用相当于全年用发动机油的总费用。

随着对在用发动机油油质分析技术的进步，特别是油质快速分析方法的出现与广泛应用，使原来在用发动机油的定期换油法，倾向于同时采用简易快速在用发动机油分析法作为定期换油合理性的检测手段。

目前，我国多采用滤纸油滴斑点色域迹象试验法和润滑油质量检测仪。

1. 滤纸油滴斑点色域迹象试验法

按《润滑油现场检验法》(GB/T 8030—1987)有关规定，获取滤纸斑点并与典型斑点图谱对比分析，从而判断含有清净剂和分散剂的发动机油的清净分散性，以此反映发动机油的清净剂和分散剂作用的丧失程度。

典型斑点形态基本分为3个环(图5-9)。

①沉积环。在斑点中心，呈淡灰至黑色，为大颗粒不溶物沉积区。发动机油接近报废时，清净剂和分散剂消失，沉积环直径小，颜色黑。

②扩散环。在沉积环外圈呈淡灰色到灰色的环带，它是悬浮在油内的细颗粒杂质向外扩散留下的痕迹。宽度越宽，分散性越好。窄或消失，表示清净剂和分散剂已耗尽。

③油环。在扩散环外圈，是颜色由淡黄到棕红色的浸油区。此环可反映发动机油的氧化程度。新油的油环透明，氧化越深，颜色越暗。

测定时注意：油样应在补加新油前，发动机运转5min后采取，并充分搅动；滤纸斑点在室内放置2～3h后，再进行判断。

滤纸斑点图谱一般分为4级(图5-10)：

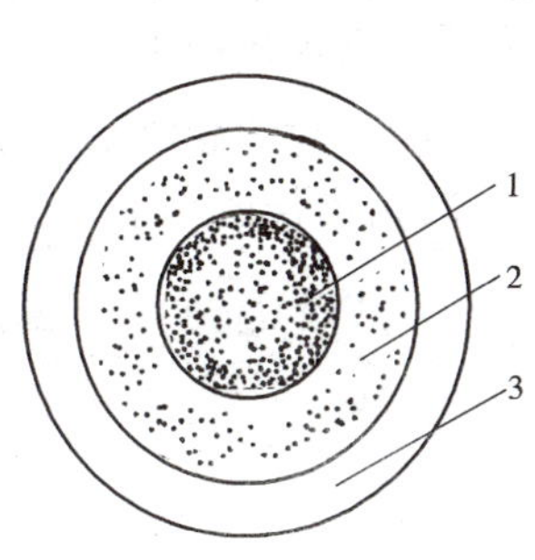

图5-9　滤纸斑点形态示意图

1-沉积环；2-扩散环；3-油环

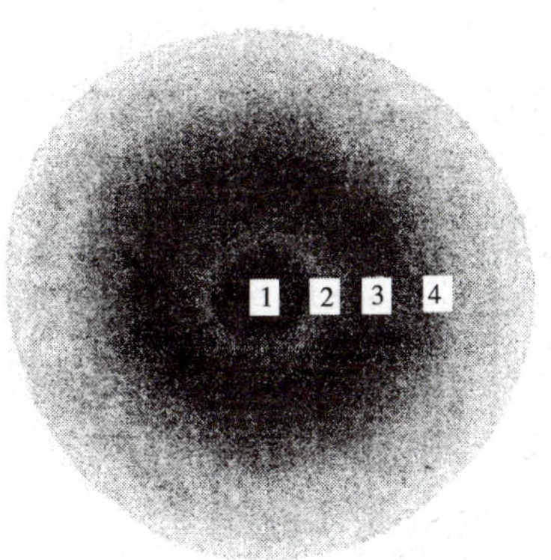

图5-10　正常发动机油的油滴色域迹象

1 级。油斑的沉积环与扩散环之间没有明显界限，整个油斑颜色均匀，油环色浅而明亮。说明发动机油油质良好。

2 级。沉积环颜色深，扩散环较深，沉积环与扩散环间没有明显界限，油环颜色变黄。说明发动机油已污染，应加强滤清，但可继续使用。

3 级。沉积环呈黑色，扩散环变窄，油环颜色变深。说明发动机油接近报废，应更换新油。

4 级。油斑只有沉积环和油环，无扩散环。沉积环乌黑，稠厚而不易干燥。说明发动机油已严重污染，完全报废，应更换新油。

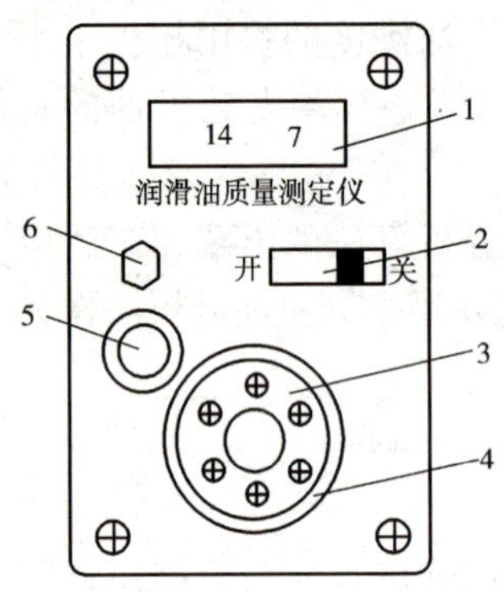

图 5-11 数字式润滑油质量测量仪
1-液晶显示屏；2-开关；3-传感器上盖；4-传感器座；5-调零旋钮（粗调）；6-调零旋钮（细调）

2. 仪器测定

快速测定在用发动机油质量的仪器已在油质检测中应用。这类仪器一般不是直接测定油品指标，而是选择有变化规律且能反映油品质量的某一参数作为测定参数。

图 5-11 所示的油质测定仪的基本原理是，通过测定在用发动机油的介电系数反映其污染程度。发动机油是电介质，具有一定的介电系数。发动机油的介电系数值取决于发动机油中的添加剂或污染物。发动机油劣化时，过氧化物、酸和其他原子团在油粒子上形成，从而引起油粒子极性变化（一端变正，一端变负）。当一些极化了的粒子逐渐增大时，发动机油的介电系数随之增大。也就是说，发动机油污染越严重，介电系数越大。通过对新旧发动机油介电系数变化的测定，来分析发动机油的污染程度。用公式进一步说明如下：

$$\Delta C = \frac{(\varepsilon_1 - \varepsilon_2) \cdot S}{\delta} = \frac{\Delta \varepsilon S}{\delta} \tag{5-6}$$

式中：ΔC——新旧发动机油电容量差值，F；

ε_1——在用发动机油介电系数，F/m；

ε_2——新发动机油介电系数，F/m；

$\Delta\varepsilon$——新旧发动机油介电系数差值，F/m；

S——电容器极板面积，m^2；

δ——电容器极板距离，m。

由上式可知，当 S、δ 一定时，电容量 ΔC 的变化与发动机油介电系数 $\Delta\varepsilon$ 的变化量成正比，于是可用电容器测定出新旧发动机油介电系数的变化。限值的确定，是以换油指标为基准，通过对比试验确定。发动机油的污染程度用发动机油污染指数评定。发动机油污染指数是表示发动机油被污染的程度，指发动机油中各种污染物引起的介电系数相对新油的变化值。评定技术要求是：使用 SRZ-1 型润滑油质量测定仪，污染指数小于 23；使用 RZJ-2 型润滑油质量测定仪，污染指数小于 4.7。

1. 对发动机油要求哪些使用性能？

2. 什么是发动机油的低温运动黏度、倾点、黏度指数、开口闪点和酸值?

3. 发动机油使用性能的评定实验方法有哪些?

4. 我国的发动机油的分类方法是什么?

5. 我国现行的汽油机油国家标准包括哪些品种?

6. 如何选择发动机油?

7. 已知解放 CA1091K2 型载货汽车装用 CA6110A 型柴油机。该柴油机为四冲程、六缸,发动机的最大功率为 103kW(2 900r/min),发动机排量为 6.842L,活塞行程为 120mm。试求该型发动机的强化系数,并确定应选择的柴油机油使用性能级别。

8. 确定在用发动机油的换油周期的方法有哪些?

9. 汽油机油换油指标包括哪些项目?

10. 柴油机油换油指标包括哪些项目?

第六章　车辆齿轮油

汽车传动机构和转向机构(变速器、转向器、后桥主减速器)中,用于齿轮传动的润滑油称为车辆齿轮油(gear oils for vehicles)。车辆齿轮油与发动机油的作用基本相同,只是用于不同的总成,起润滑、冷却、防蚀和缓冲作用。

车辆传动机构中的双曲线齿轮具有传动比大、传动平稳、便于布置、可提高小齿轮强度等优点,但齿面接触压力极高,啮合面间相对滑动速度大,油温高,一般可达 120 ~ 130℃,最高可达 180℃。双曲线齿轮传动的工作条件最苛刻,对汽车齿轮油使用性能要求更高。由于车辆齿轮油工作条件与发动机油有所不同,因而对车辆齿轮油性能的要求也有所区别。

第一节　车辆齿轮油的使用性能

为了保证齿轮等零件的润滑,车辆齿轮油应具有适宜的运动黏度,良好的低温流动性,极压性、热氧化安定性、抗腐蚀性和防锈性能要好。与其他润滑油相比,其特殊的方面主要是极压性,即承载能力。

一、润滑性和低温操作性

由于车辆齿轮油的工作条件比较苛刻,其工作温度范围较宽,齿轮之间传递的作用力较大,经常处于边界润滑状态,因此,要求车辆齿轮油应具有良好的润滑性、低温操作性和极压抗磨性。即在低温条件下应保持必要的流动能力,高温时黏度又不能过低。运动黏度是车辆齿轮油的润滑性和极压抗磨性的评价指标。车辆齿轮油的黏度要合适。黏度过低,难以保证形成油膜,实现良好的液体润滑状态;黏度过高,则流动性变差,运动表面摩擦产生的热量不容易被油迅速带走,并且在低温条件下难以供油。因此,既要求齿轮油的黏度应该适当,又不能随温度变化较大,即有良好的黏温性。

车辆齿轮油的低温操作性和黏温性的评价指标有倾点、成沟点、黏度指数和表观黏度达 150 Pa·s 时的温度等。

成沟点是指在规定的试验条件下,试油成沟的最高温度。把装有试验油样的容器,在试验温度下放置 18h,然后用钢片把试样刮一条沟,观察试样在 10s 之内是否流回并完全覆盖容器底部来判断试样的成沟特性。若 10s 内试油流回并完全覆盖试油容器底部,则报告试样不成沟,反之则试样成沟。

车辆齿轮油的表观黏度使用规定的方法模拟低温高剪切条件下的黏度,测定标准是《车用流体润滑剂低温黏度测定法(勃罗费尔特黏度计法)》(GB/T 11145—1989)。

试验证明,对双曲线齿轮式主减速器,齿轮油表观黏度小于 150Pa·s,汽车起步后能在

15s 内流进小齿轮轴承而保证其正常润滑，这个黏度为汽车低温起步的极限黏度，因此，汽车齿轮油规格中均规定了“黏度达 150Pa·s 时的最高温度”这一指标。“黏度达 150Pa·s 时的最高温度”是车辆齿轮油 SAE 黏度分类的依据之一。

二、极压性

车辆齿轮油的极压性是指齿轮油中的极压抗磨剂在高压或高速、高温的苛刻工作条件下，能在齿面上与金属发生化学反应生成反应膜，防止齿面擦伤或烧结的性质。双曲线车辆齿轮油应具有良好的极压性。一般油性添加剂形成的边界油膜，在极压条件下，从吸附状态变为自由运动状态，从摩擦表面脱附，不再起保护金属表面的作用。因此，提高极压性是依靠极压抗磨剂实现的。

车辆齿轮油极压性采用试验机或台架试验进行评定。

四球法是在四球极压试验机上评定润滑剂承载能力的一种方法。润滑剂承载能力的评定指标是最大无卡咬负荷（P_B）和烧结负荷（P_D）。最大无卡咬负荷是指在试验条件下不发生卡咬的最高负荷；烧结负荷主要是指在试验条件下使钢球发生烧结的最低负荷。极压性测定标准是《润滑剂承载能力测定法（四球法）》（GB/T 12583—1998）。

国际上使用较广泛的评定 GL-5 车辆齿轮油的极压性台架试验方法有两种，即 CRC L-37 和 CRC L-42。其中，CRC L-37 是评价低速、高转矩（相当于汽车满载爬坡的情形）或高速、低转矩时的极压性；CRC L-42 是评价高速和冲击载荷（相当于汽车紧急制动时的情形）下的极压性。我国相应标准是《车辆齿轮油承载能力测定法（L-37 法）》（SH/T 0518—1992）和《车辆齿轮油抗擦伤性能评定法（L-42 法）》（SH/T 0519—1992）。

三、热氧化安定性

车辆齿轮油抵抗高温条件下氧化作用的能力，叫做热氧化安定性。车辆齿轮油应具有良好的热氧化安定性。

汽车主减速器使用的齿轮油温度较高，使油的氧化倾向增大，再加上齿轮箱中金属的催化作用，容易使油的使用性能变坏。因此，要求汽车齿轮在较高温度下不易氧化变质。

对车辆齿轮油（GL-5）热氧化安定性的评定试验是采用 CRC L-60 法。我国相应的标准是《车辆齿轮油热氧化安定性评定法（L-60 法）》（SH/T 0520—1992）。

四、抗腐性和防锈性

在车辆齿轮传动装置的工作条件下，齿轮油防止齿轮、轴承腐蚀和生锈的能力，叫做抗腐性和防锈性。车辆齿轮油应具有良好的抗腐性和防锈性。

齿轮传动装置可能从外界渗入水分，工况变化、冷热交替也可能出现冷凝水分。油内的水分和氧化生成的酸性产物，是齿轮和轴承腐蚀、生锈的主要原因。此外，齿轮油内极压抗磨剂的作用实际上是一种控制性的腐蚀现象，对金属有一定的腐蚀作用。极压抗磨剂的活性越强，腐蚀作用越大。生锈和腐蚀将加速磨损，使材料强度降低。因此，齿轮油应该选择适当的极压抗磨剂和加入抗腐剂及防锈剂。

对普通车辆齿轮油（GL-3）和中负荷车辆齿轮油（GL-4）防锈性试验标准是《加抑制剂矿物油在水存在下防锈性能试验》（GB/T 1143—1989）。对重负荷车辆齿轮油（GL-5）防锈性采用 CBC L-33 法试验进行评定。我国的相应标准是《车辆齿轮油防锈蚀评定法（L-33

法)》(SH/T 0517—1992)。抗腐蚀性采用铜片腐蚀试验方法进行评定,以腐蚀标准色板分级为评定指标。

第二节　车辆齿轮油的分类和规格

一、车辆齿轮油的分类

车辆齿轮油的分类与发动机油一样,大部分国家采用美国 SAE 的车辆齿轮油黏度分类和 API 的车辆齿轮油使用性能分类。

1. SAE 车辆齿轮油黏度分类

SAE 汽车齿轮油黏度分类见表 6-1。该分类的黏度级号有 7 种,共两组。

SAE 车辆齿轮油黏度分类　　表 6-1

SAE 黏度级号	黏度达到 150Pa·s 时的最高温度(℃)	100℃时的运动黏度(mm²/s)	
		最低	最高
70W	-55	4.1	—
75 W	-40	4.1	—
80 W	-26	7.0	—
85 W	-12	11.0	—
90	—	13.5	<24.0
140	—	24.0	<41.0
250	—	41.0	—

带有 W 的是冬用齿轮油,是根据齿轮油黏度达到 150Pa·s 时的最高温度和 100℃时的最小运动黏度划分的。低温黏度规定为 150Pa·s,是因为超过这一黏度,驱动桥双曲线齿轮式主减速器主动齿轮轴承的润滑条件恶化,易发生损坏。不带 W 的黏度级号只是根据 100℃的运动黏度范围划分的,为夏用齿轮油。

车辆齿轮油也有多级油,例如 80W/90、85W/90 等。

2. API 车辆齿轮油使用性能分类

API 车辆齿轮油使用性能等级,根据工作条件的苛刻程度划分为 GL-l、CL-2、GL-3、GL-4、CL-5 和 CL-6 等 6 级(表 6-2)。

车辆齿轮油 API 使用性能分类　　表 6-2

分类	使用说明	用　　途
GL-l	在低齿面压力、低滑动速度下的汽车螺旋锥齿轮、涡轮轮式驱动桥以及各种手动变速器规定用 GL-l 级齿轮油。直馏矿油能满足这类情况的要求,可以加入抗氧剂、防锈剂和消泡剂改善其性能,但不加摩擦改进剂和极压剂	汽车手动变速器,包括拖拉机和载货汽车手动变速器
GL-2	汽车涡轮式驱动桥,由于其负荷、温度和滑动速度的状况,用 GL-l 齿轮油不能满足要求,规定用 GL-2 级齿轮油。通常都加有脂肪类物质	蜗杆传动装置
GL-3	滑动速度和负荷比较苛刻的汽车手动变速器和螺旋锥齿轮的驱动桥规定用级 GL-3 油。这种使用条件要求润滑油的负荷能力比 GL-l 和 2GL-2 级油高,但比 GL-4 级油要低	苛刻条件下手动变速器和螺旋锥齿轮的驱动桥

续上表

分类	使用说明	用途
GL-4	在低速高转矩、高速低转矩下工作的各种齿轮，特别是客车和其他各种车用的双曲线齿轮，规定用 GL-4 级齿轮油。适用于其抗擦性能等于或优于 CRC RGO-105 参考油。该级油已做过各种试验证明具有 1972 年 4 月 ASTM STP 说明的性能水平	手动变速器、螺旋锥齿轮和使用条件不太苛刻的双曲线齿轮
GL-5	在高速冲击负荷、高速低扭矩、低速条件下工作的各种齿轮，特别是客车和其他车用的双曲线齿轮，规定用 GL-5 级齿轮油。适用于其抗擦性能等于或优于 CRC RGO-110 参考油。该级油已做过各种试验证明具有 1972 年 4 月 ASTM STP 说明的性能水平	适用于操作备件缓和或苛刻的双曲线齿轮及其他各种齿轮，也可用于手动变速器
GL-6	在高速冲击条件下的轿车和其他车辆的各种齿轮，特别是大偏移距的双曲线齿轮，偏移距大于 50mm 或接近大齿轮直径的 25%，规定用 GL-6 级齿轮油，其抗擦性能等于或优于参考油 L-1000。该级油已做过各种试验证明具有 1972 年 4 月 ASTM STP 说明的性能水平	

3. 我国车辆齿轮油的分类

《润滑剂和有关产品（L 类）的分类第 7 部分：C 组（齿轮）》（GB/T 7631.7—1995）目前只包括工业齿轮润滑剂，暂不包括内燃机式车辆齿轮润滑剂，但原 GB/T 7631.7—1989 规定的车辆齿轮油的详细分类（即 L-CLC、L-CLD 和 L-CLE）已作废。目前，我国车辆齿轮油的黏度分类国家标准是《驱动桥和手动变速器润滑剂黏度分类》（GB/T 17477—1998），其方法与 SAE 车辆齿轮油黏度分类相同（表 6-1），而车辆齿轮油使用性能分为 3 类，即普通车辆齿轮油（GL-3），中负荷车辆齿轮油（GL-4）和重负荷车辆齿轮油（GL-5）。

二、车辆齿轮油的规格

1. 普通车辆齿轮油（GL-3）

普通车辆齿轮油（GL-3）分为 80W/90、85W/90 和 90 号 3 个黏度牌号，规格见表 6-3。

普通车辆齿轮油（GL-3）（SH 0350—1992） 表 6-3

项目		质量指标			试验方法
		80W/90	85W/90	90	
运动黏度（100℃）（mm^2/s）		15 ~ 19	15 ~ 19	15 ~ 19	GB/T 265 附录 A
表观黏度 150Pa·s 时的温度	≤	−26	−12		GB/T 1995
黏度指数				90	GB/T 2541
倾点（℃）	≤	−28	−18	−10	GB/T 3535
闪点（开口）（℃）	≥	170	180	190	GB/T 267
水分（%）	≤	痕迹	痕迹	痕迹	GB/T 260
锈蚀试验 15 号钢棒 A 法		无锈	无锈	无锈	GB/T 1143
起泡性（mL/ mL）	≤				GB/T 12579
24℃ ±0.5℃		100/10	100/10	100/10	
93℃ ±0.5℃		100/10	100/10	100/10	
后 24℃ ±0.5℃		100/10	100/10	100/10	
铜片腐蚀试验（100，3h）（级）	≤	1	1	1	GB/T 5096

项　目	质量指标			试验方法
	80W/90	85W/90	90	
最大无卡咬符合(P_B)(kgf)　≥	80	80	80	GB/T 3142
糖醛或酚含量(未加剂)	无	无	无	SH/T 0076 或 SH/T 0120
机械杂质(%)　≤	0.05	0.02	0.02	GB/T 511
残炭(未加剂)	报告			GB/T 268
酸值(未加剂,按 KOH 计)(mg/g)	报告			GB/T 4945
氯含量(%)	报告			GB/T 0160
锌含量(%)	报告			GB/T 0226
硫酸盐灰分(%)	报告			GB/T 2433

2. 中负荷车辆齿轮油(GL-4)

中负荷车辆齿轮油(GL-4)分为 80W/90、85W/90 和 90 号 3 个黏度牌号,其安全使用技术条件见表 6-4。

中负荷车辆齿轮油安全使用技术条件(JT 224—2008)　　表 6-4

项　目		技术要求			试验方法
		90	85W/90	80W/90	
运动黏度(100℃)(mm^2/s)		13.5~24.0	13.5~24.0	13.5~24.0	GB/T 265
黏度指数		≥75	—	—	GB/T 2541
闪点(开口)(℃)		≥180	≥180	≥165	GB/T 267
倾点(℃)		≤-10	≤-15	≤-27	GB/T 3535
表观黏度 150Pa·s 时的温度(℃)		—	≤-12	≤-26	GB/T 11145
机械杂质(%)		≤0.05			GB/T 511
水分		痕迹			GB/T 260
铜片腐蚀(121℃,3h)		≤3b			GB/T 5096
锈蚀试验(15 号钢棒)		无锈			GB/T11143A 法
泡沫倾向性/泡沫稳定性(mL/mL)	24℃ ±0.5℃	≤100/0			GB/T12579
	93℃ ±0.5℃				
	后 24℃ ±0.5℃				
磷含量(%)		报告			SH/T0296
硫含量(%)		报告			GB/T 3875096

3. 重负荷车辆齿轮油(GL-5)

重负荷车辆齿轮油(GL-5)有 75W、80W/90、85W/90、85W/140、90、140 号 6 个牌号,其规格见表 6-5。

重负荷车辆齿轮油(GL-5)(GB 13895—1992) 表6-5

项目	质量指标						试验方法
黏度等级	75 W	80W/90	85W/90	85W/140	90	140	
运动黏度(100℃)(mm²/s)	≥4.1	13.5 ~ <24.0	13.5 ~ <24.0	13.5 ~ <41.0	13.5 ~ <24.0	13.5 ~ <41.0	GB/T 265
倾点(℃)	报告	报告	报告	报告	报告	报告	GB/T 3535
表观黏度150Pa·s时的温度 ≤	-40	-26	-12	-12			GB/T 11145
闪点(开)(℃) ≥	150	165	165	180	180	200	GB/T 3536
成沟点(℃) ≤	-45	-35	-20	-20	-17.8	-6.7	SH/T 0030
黏度指数 ≥	报告	报告	报告	报告	75	75	GB/T 2541
起泡性(泡沫倾向)(mL) 24℃ ≤ 93.5℃ ≤ 后24℃ ≤	 20 50 20						GB/T 12579
腐蚀试验(铜片,121℃,3h)(级) ≤	3						GB/T 5096
机械杂质(%) ≤	0.05						GB/T 511
水分 ≤	痕迹						GB/T 260
戊烷不溶物(%)	报告						GB/T 8926A法
硫酸盐灰分(%)	报告						GB/T 2433
硫含量(%)	报告						GB/T 387、GB/T 388、GB/T 11140
磷含量(%)	报告						SH/T 0296
氮含量(%)	报告						SH/T 0224
钙含量(%)	报告						SH/T 0270
储存稳定性 液体沉淀物(体积分数)(%) ≤ 固体沉淀物(体积分数)(%) ≤	 1 0.25						SH/T 0037
锈蚀试验 盖板锈蚀面积(%) ≤ 齿面、轴承及其他部件锈蚀情况	 1 无锈						SH/T 0517
抗擦伤试验	通过						SH/T 0519
承载能力试验	通过						SH/T 0518
热氧化稳定性 100℃运动黏度增长(%) ≤ 戊烷不溶物(%) ≤ 甲苯不溶物(%) ≤	 100 3 2						SH/T 0520 GB/T 265 GB/T 8926A法 GB/T 8926A法

第三节 车辆齿轮油的选择和更换

与发动机油类似,车辆齿轮油规格也要兼顾黏度级别和使用性能级别两方面来选择。

一、车辆齿轮油的选择

1. 使用性能级别的选择

车辆齿轮油使用性能级别的选择,主要根据齿面压力、滑动速度和油温等工作条件,而这些工作条件又取决于传动装置的齿轮类型,所以一般可按齿轮类型和传动装置的功能来选择车辆齿轮油的使用性能级别。

一般来说,驱动桥主减速器工作条件苛刻,而双曲线齿轮式主减速器更为苛刻,对齿轮油使用性能要求更高。对双曲线齿轮式主减速器或工作条件苛刻的其他齿轮式主减速器一定要选择 GL-4 以上的齿轮油。

为减少用油级别,在汽车各传动装置对齿轮油使用性能级别要求相差不太大的情况下,用同一级使用性能的齿轮油。

2. 黏度级别的选择

车辆齿轮油黏度级别的选择,主要根据最低气温和最高油温,并考虑车辆齿轮油换油周期较长的因素。

车辆齿轮油的黏度应保证低温下的车辆起步,又能满足油温升高后的润滑要求。如前所述,车辆齿轮油以表观黏度 150Pa·s 作为低温流动性极限,所以在 SAE 黏度分类中表观黏度达 150Pa·s 时的最高温度,就是保证低温操作性能的最低温度。由此可知,黏度级为 75W、80W 和 85W 的双曲线齿轮油的最低使用温度分别是 -40℃;-26℃和 -12℃。也就是说,车辆使用地区的最低温度不应低于所选齿轮油上述各温度。当传动装置不是双曲线齿轮时,使用最低气温可比上述相应温度低些。

黏度选择应同时考虑高温时的润滑要求。

馏分型汽车齿轮油换油周期较长,一般在 2.4×10^4km 以上。为避免季节换油造成浪费,汽车齿轮油黏度的选择还要考虑冬夏通用。

二、车辆齿轮油的更换

车辆齿轮油在使用中同样存在着质量变差问题,对齿轮油的更换多采用定期换油。例如:东风 EQ1092 汽车变速器和主减速器的换油周期为 2.4×10^4km。同时,按质换油也是确定在用车辆齿轮油更换周期的发展方向。目前,我国只有普通车辆齿轮油(GL-3)的换油标准(表 6-6)。

普通车辆齿轮油 GL-3 的换油指标(SH/T 0475—1992)　　表 6-6

项　目		换油指标	试验方法
100℃运动黏度变化率(%)	>	20 ~ -10	GB/T 265
水分(%)	>	1.0	GB/T 260
酸值增加值(mgKOH/g)	>	0.5	GB/T 8030
戊烷不溶物(%)	>	2.0	GB/T 8296
含量(%)	>	0.5	GB/T 0197

1. 概述车辆齿轮油的作用。
2. 车辆齿轮油的使用性能有哪些?
3. 简述我国车辆齿轮油的分类。
4. 我国车辆齿轮油按使用性能可分成哪三类?分别对应 API 中的什么级别?
5. 冬天用齿轮油和夏天用齿轮油的划分原则是什么?表示方法有什么不同?
6. 按 API 车辆齿轮油分类等级中,工作条件最苛刻的级号是什么?
7. 车辆齿轮油的选择和更换应注意哪些事项?

第七章　汽车润滑脂

润滑脂是将稠化剂分散于液体剂中所形成的一种稳定的固体或半固体产品。其中可以加入旨在改善某种特性的添加物。润滑脂具有其他润滑剂所不能代替的特点，在汽车、拖拉机和工程机械上的许多部位，都使用润滑脂作为润滑材料。

润滑脂与润滑油比较，有以下优点：

(1)在金属表面具有良好的黏附性，不易流失，在不易密封的部位使用，可简化润滑装置的结构。

(2)抗碾压，在高负荷和冲击负荷下，仍有良好的润滑能力。

(3)润滑周期长，不需经常补充，可以降低维护费用。

(4)具有更好的密封和防护作用。

(5)使用温度范围较宽。

所以，车辆上不宜用润滑油的部位，如轮毂轴承、各拉杆球节、发电机轴、水泵轴承、离合器分离轴承和传动轴花键等，均使用润滑脂润滑。

第一节　汽车润滑脂的结构特点和组成

润滑脂由基础油(80% ~90%)、稠化剂(8% ~15%)和添加物(5%添加剂和填料)组成。

润滑脂的结构是指润滑脂的稠化剂和基础油组分颗粒的物理排列。润滑脂是具有结构骨架的两相胶体结构的分散体系，基础油是这种分散体系中的分散介质，稠化剂粒子或纤维构成骨架，即分散相，将基础油保持在骨架中。

一、基础油

基础油分为矿物油和合成油两大类。以矿物油为基础油的润滑脂优点是：润滑性能好，黏度范围宽。但是，一般矿物油不能兼备高低温性能，而以合成油为基础油可制备特殊润滑脂。例如7014-1高温润滑脂(使用温度为－40~200℃)的基础油为合成油。在合成油中有合成烃类油、酯类油、硅油等。

二、稠化剂

稠化剂含量约占润滑脂质量的10% ~30%，有皂基、烃基、有机和无机4大类。

1. 皂基稠化剂

汽车润滑脂稠化剂用的金属皂主要是钙皂和锂皂，分别制成钙基润滑脂、无水钙基润滑脂和锂基润滑脂。

(1)普通钙皂稠化剂。以天然皂或合成脂肪酸制成。普通钙皂要求在基础油中必须有适量水分作稳定剂才能成脂。高温时失去水分,油皂分离。钙基润滑脂适用温度范围为-10~60℃。

(2)无水钙皂稠化剂。无水钙皂稠化剂为12-羟基碳酸钙皂,不需加水,构成的严寒地区汽车通用无水钙基润滑脂(A型)的适用温度范围为-50~110℃。

(3)锂皂。以脂肪酸锂皂和高级脂肪酸锂皂作为锂基润滑脂的稠化剂,构成的润滑脂具有温度范围宽和良好的机械安定性、胶体安定性和抗水性,是多用途、多性能润滑剂,适用温度范围为-30~120℃。

2. 烃基稠化剂

主要是地蜡、石蜡以及石油脂,常用来制作保护润滑脂。

汽车蓄电池接线柱用的工业凡士林保护脂的稠化剂是烃基稠化剂,具体是石油脂。

3. 有机稠化剂

有机稠化剂是有稠化作用的有机物,例如7022通用汽车润滑脂的稠化剂为合成脂肪酸酰胺钠盐;7026低温润滑脂的稠化剂为有机酰胺盐;7041-l高温润滑脂稠化剂为对苯二甲酸酰胺钠。

4. 无机稠化剂

车用润滑脂中的无机稠化剂主要是膨润土,由氧化硅、二氧化铝和水等构成,膨润土润滑脂适用温度范围为-45~150℃,适用于转向驱动桥等角速万向节的润滑。

三、添加剂

润滑脂添加剂是添加到润滑脂中以改进其使用性能的物质,可以改进基础油本身固有的性质或增加其原来不具有的性质,含量占润滑脂质量的5%以下。

润滑脂添加剂的主要种类有稳定剂、抗氧剂、金属纯化剂、防锈剂、抗腐剂和极压抗磨剂等。

四、填料

填料是润滑脂中的固体添加剂,大部分填料本身可作为固体润滑剂。常用的填料有石墨、二硫化钼等。石墨钙基润滑脂含10%的鳞片石墨填料,起极压添加剂作用。

第二节　汽车润滑脂的使用性能

由润滑脂的组成和结构特性所决定,润滑脂具有许多其他润滑剂所不具有的特殊使用性能。

一、稠度

稠度是指像润滑脂一类的塑性物质,在受力作用时抵抗变形的程度。润滑脂应具有适当的稠度。稠度是塑性的一个特征,它仅是反映润滑脂对变形和流动阻力的一个笼统的概念。评定润滑脂的稠度指标是锥入度。稠度级号就是按照工作锥入度的范围而划分的,它是润滑脂的选择内容之一。锥入度是在规定的时间和温度条件下,标准锥体沉入润滑脂的深度,以 1/10mm 为单位。

按测定方法不同,锥入度分为多种:

(1)不工作锥入度。将润滑脂试样在尽可能少的搅动下,从试样容器移到润滑脂工作器脂杯中的锥入度,叫做不工作锥入度。

(2)工作锥入度。指将润滑脂试样在标准工作器脂杯中,经受往复工作 60 次后,立即测定的锥入度。

(3)延长工作锥入度。指将润滑脂试样在标准工作器脂杯中,经受往复工作超过 60 次后,立即测定的锥入度。

润滑脂锥入度测定标准是《润滑脂和石油脂锥入度测定法》(GB/T 269—1991),测定仪器是锥入度计。

锥入度是润滑脂普遍采用的一项质量指标,具有下列意义:

(1)以锥入度划分润滑脂稠度级号(表 7-1)。

(2)选用润滑脂须考虑适宜的稠度。

(3)可用锥入度表示润滑脂的其他性能。

按锥入度划分的润滑脂级号 表 7-1

NLGI 级号	000	00	0	1	2	3	4	5	6
工作锥入度范围(25℃)(1/10mm)	455 ~ 475	400 ~ 430	355 ~ 385	310 ~ 340	265 ~ 295	220 ~ 250	175 ~ 205	130 ~ 160	85 ~ 115
状态	液状	几乎呈液状	极软	非常软	软	中	硬	非常硬	极硬或固体

二、胶体安定性

胶体安定性是指润滑脂抵抗温度和压力的影响而保持胶体结构的能力,也就是基础油与稠化剂结合的稳定性。如上所述,润滑脂是一个胶体分散体系,其胶体结构的稳定常受温度和压力的影响而不同程度地遭受破坏,使固定在纤维空间骨架中的基础油分离出来。但是,润滑脂不能在压力的作用下分离出一部分油来,就不能使润滑脂起润滑作用。因此,要求胶体安定性适当。

评定胶体安定性的指标是:滴点、分油量、蒸发量和漏失量等。

在规定的试验条件下,润滑脂达到一定流动性的温度,叫做滴点。

润滑脂滴点测定标准是《润滑脂滴点测定法》(GB/T 4929—1985)。

润滑脂滴点常用来粗略估计最高使用温度。一般润滑脂的最高使用温度比其滴点低 20 ~ 30℃,个别低的更多。例如,2 号钙基润滑脂滴点为 85℃,适用最高温度为 60℃;汽车通用锂基润滑脂滴点为 180℃,适用最高温度为 120℃。

三、流变性能

简单地说,流变性能是指液体在流动中剪应力与剪切速率的关系。因为润滑脂具有胶体分散体系,属于塑性流体,所以流变性能较为复杂(图 7-1)。

当对体系施加的剪应力低于极限静剪应力 τ_1 时,不产生流动,即极限静剪应力,它是塑性流体从不流动到流动的极限剪应力。流动后,如剪应力增大,剪切速率也相应增大,但起初两者不呈直线函数关系,以后才符合牛顿液体,变为剪应力与剪切速率成正比。图 7-1 中直线段 QP 延长线与横坐标交点处的虚拟剪应力 τ_2 称为极限动剪应力。曲线段与直线的交点 P 到横坐标垂线得到的剪应力 τ_3 称为极限高剪应力。因此,如同润滑脂,这样的塑性体有 3 种极限剪应力。评定润滑脂流变性能的常用指标是相似黏度。

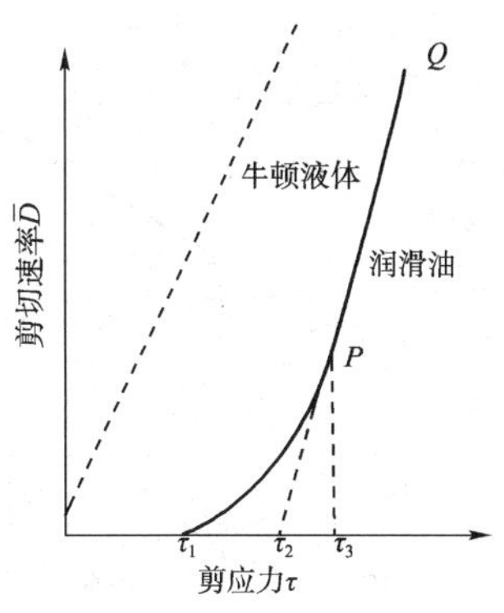

图 7-1　塑性流体流变曲线

润滑脂不是牛顿液体,但仍按牛顿液体的黏度概念表示,在一定温度和一定剪切速率下,将润滑脂流动时的剪应力与剪切速率的比值,叫做润滑脂的相似黏度。由于润滑脂的相似黏度以温度和剪切速率两个固定条件为前提,则对相似黏度要注明这两个前提条件。例如,汽车通用润滑脂规格中相似黏度表示为“相似黏度(-20℃, $D = 10s^{-1}$),Pa·s”。

润滑脂相似黏度测定标准是《润滑脂相似黏度测定法》(SH/T 0048—1991),其方法概要是用毛细管黏度计测出一定压力下润滑脂通过毛细管的流量,然后利用有关公式计算出相似黏度。

四、机械安定性

机械安定性是指润滑脂在工作条件下抵抗稠度变化的能力。润滑脂应具有良好的机械安定性。

润滑脂在工作时,要受到剪应力作用,且剪切速率变动范围很大,在滚动轴承中,最高剪切速率可达 $10^6 \sim 10^7 s^{-1}$以上,润滑脂在受到剪切后,其结构遭到破坏,皂纤维也可能遭到一定程度的剪断,以导致体系的稠度发生变化。如果润滑脂的机械安定性不好,则在长期工作中,可能因过分软化而流失,从而缩短其使用寿命。

评定润滑脂安定性的指标是延长工作锥入度,或延长工作锥入度与工作锥入度的差值。

五、防蚀性

润滑脂的防蚀性能是指润滑脂防止零件锈蚀、腐蚀的性能。润滑脂应具有良好的防蚀性。

防护作用机理是润滑脂能在金属表面保持足够的脂层,可防止腐蚀性物质侵蚀金属表面。此外,有的润滑脂能够吸收或中和腐蚀性气体或液体,以免零件遭受侵蚀。

评定润滑脂防蚀性的指标是防腐蚀性试验、腐蚀试验、游离碱试验。

六、抗水性

抗水性指润滑脂遇水后抵抗结构和稠度等改变的性能。润滑脂应具有良好的抗水性。

润滑脂的抗水性主要取决于稠化剂的抗水性。烃基稠化剂既不吸水,又不乳化,因此,烃基稠化剂抗水性最好。皂基稠化剂除钠皂和钙钠皂外,其他金属皂的抗水性都较好。图 7-2 为几种国产皂基润滑脂的吸水量与稠度的关系。

由图 7-2 中可看出,钠基润滑脂抗水性最差,钙钠基润滑脂次之,钙基、锂基润滑脂抗水性都较好。

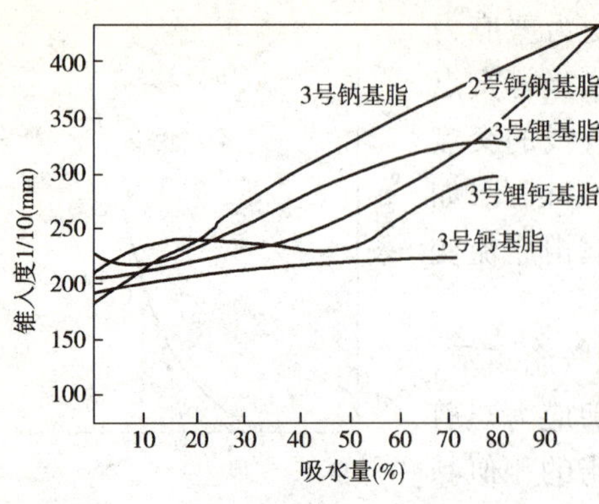

图 7-2　几种润滑脂锥入度与吸水量的关系

评定润滑脂抗水性的指标是水淋流失量。

七、氧化安定性

氧化安定性是指润滑脂在储存和使用中抵抗氧化的能力。润滑脂应具有良好的氧化安定性。

润滑脂氧化后，外观、理化指标和结构都发生不同程度的改变。表现为：游离酸增加，滴点下降，颜色变深，锥入度、极限剪应力和相似黏度降低，生成腐蚀性产物和破坏润滑脂结构的产物，产生油脂分离等。

第三节　汽车润滑脂的分类和规格

一、汽车润滑脂的分类和产品标记

《润滑剂和有关产品（L类）的分类第 8 部分：X 组（润滑脂）》（GB/T 7631.8—1990）是根据润滑脂的操作条件（温度、水污染及负荷等）对车用润滑脂进行分类的（表 7-2）。

润滑脂按操作条件的分类　　表 7-2

操作温度				水污染					负荷条件
最低温度（℃）	字母	最高温度（℃）	字母	环境条件		防锈性		综合性字母	字母及备注
				字母	备注	字母	备注		
0	A	60	A	字母	备注	字母	备注		
-20	B	90	B	L	L-干燥环境	L	L-不防锈	A	A：非极压型脂
-30	C	120	C	L		M	M-淡水存在下的防锈性	B	B：极压型脂
-40	D	140	D	L		H	H-盐水存在下的防锈性	C	
<-40	E	160	E	M	M-静态潮湿环境	L		D	
		180	F	M		M		E	
		>180	G	M		H		F	
				H	H-水洗	L		G	
				H		M		H	
				H		H		I	
	(1)		(2)					(3)	(4)

注：(1)、(2)……为文中叙述方便编写的字母序号。

该分类体系的产品也采用《润滑剂和有关产品（L 类）的分类第 1 部分：总分组》（GB 7631.1—1987）的原则进行标记，具体是：类—品种　数字。

类别代号用 L 表示。品种代号由润滑脂组别代号 X 和 4 个表示操作条件的字母组成。表 7-2 下方的注释：(1)栏的字母是最低温度代号，数值见左栏，表示润滑脂适用的设备起动或运转时，或润滑脂泵送时的最低温度，该类字母位于润滑脂组别代号 X 号之后。(2)栏的字母是最高温度代号，数值见左栏，表示润滑脂适用零部件的最高温度，该类字母位于最低温度字母之后。(3)栏的字母表示在水污染条件下的抗水性和防锈性，环境条件分 3 种，用字母 L、M 和 H 表示；防锈性也分 3 种，同样用字母 L、M 和 H 表示。但是它们排序不同，环境条件字母在前，防锈性字母在后，字母含义也不一样（表 7-2）。由 3 种环境条件字母与 3 种防锈性字母，便可组成 9 种抗水性及防锈性，用 A、B、C、D、E、F、G、H 及 I 表示，是对在水污染条件下的抗水性及防锈性的综合评价，该类字母位于最高温度字母之后。前两种字母（L、M 和 H）仅是确定抗水性及防锈性的条件，在润滑脂产品代号中不出现。例如，一种润滑脂的环境条件经受水洗，则在表 7-2 的“环境条件”一栏中的字母为 H；又要求该种润滑脂在淡水存在下能防锈，则在表 7-2 中“防锈性”一栏的字母为 M。将 H、M 字母横向搭配在一起，便得到表示抗水性及防锈性的字母为 H，含义是经受水洗、在淡水存在下能防锈。（4）栏的字母表示润滑脂适用的负荷条件，它是指在高负荷或低负荷下润滑脂的润滑性及极压性。普通非极压润滑脂用 A 表示，适用重负荷的极压润滑脂用 B 表示。

在润滑脂的产品代号中，只有字母按规定的顺序标记时才有特定含义，而表示操作条件的字母单独存在时无意义。

润滑脂产品代号的最后数字是按工作锥入度（25℃，工作 60 次，单位为 1/10mm）范围划分的润滑脂稠度等级号。

润滑脂代号的构成和标记识别举例如下：

L-X C C H A 2

其中：L——类别（润滑剂）；
X——组别（润滑脂）；
C——最低温度（－30℃）；
C——最高温度（120℃）；
H——水污染（经受水洗，淡水能防锈）；
A——极压性（非极压型脂）；
2——数字（稠度等级，2 号）。

本润滑脂相当于汽车通用锂基润滑脂（GB/T 5671—1995）。

二、汽车润滑脂的规格

汽车用润滑脂的规格有：《钙基润滑脂》（GB 491—2008）（表 7-3）、《汽车通用锂基润滑脂》（GB/T 7324—1995）（表 7-4）、《石墨钙基润滑脂》（SH 0369—1992）（表 7-5）、《通用锂基润滑脂》（GB 7324—2010）（表 7-6）。

钙基润滑脂（GB 491—2008）　　表 7-3

项　目		质量指标				实验方法
		1 号	2 号	3 号	4 号	
外观		浅黄色至暗褐色均匀油膏				目测
工作锥入度（1/10m）	≥	310～340	265～295	220～250	175～205	GB/T 269
滴点（℃）		80	85	90	95	GB/T 4929
腐蚀（T2 铜片，室温，24h）		铜片上没有绿色或黑色变化				GB/T 7326 乙法
水分（%）	≤	1.5	2.0	2.5	3.0	GB/T 512
灰分（%）	≤	3.0	3.5	4.0	4.5	SH/T 0327
钢网分油量（60℃，24h）（%）	≤		12	8	6	GB/T 0324
延长工作锥入度，1 万次与工作锥入度差值（0.1mm）	≤		30	35	40	SH/T 269
水淋流失量（38℃，1h）（%）	≤		10	10	10	GB/T 0109①

注：①水淋后轴承烘干条件为 77℃，16h。

汽车通用锂基润滑脂(GB/T 5671—1995) 表 7-4

项　　目		质量指标	试验方法
工作锥入度(0.1mm)		265~295	GB/T 269
滴点(℃)	≥	180	GB/T 4929
钢网分油(100℃,30h)(%)	≤	5	SH/T 0324
相似黏度(-20℃,$10s^{-1}$)(Pa·s)	≤	1 500	SH/T 0048
游离碱(NaOH)(%)	≤	0.15	SH/T 0329
腐蚀(T_2 铜片,100℃,24h)		铜片无绿色或黑色变化	GB/T 7326 乙法
蒸发量(99℃,22h)(%)	≤	2.0	GB/T 7325
漏失量(104℃,6h)(%)	≤	5.0	SH/T 0326
水淋流失量(79℃,1h)(%)	≤	10	SH/T 0109
氧化定性(99℃,100h,0.77MPa),压力降(MPa)	≤	0.070	SH/T 0335
防腐蚀性(52℃,48h,相对湿度100%)(级)	≤	1	GB/T 5018
杂质(个/cm^3)			SH/T 0336
10μm 以上	≤	5 000	
25μm 以上	≤	3 000	
75μm 以上	≤	500	
125μm 以上	≤	0	

石墨钙基润滑脂(SH 0369—1992) 表 7-5

项　　目		质量指标	试验方法
外观		黑色均匀滑膏	目测
滴点(℃)	≥	80	GB/T 249
腐蚀(钢片,100℃,3h)		合格	GB/T 7326
安定性		合格	
水分(%)	≤	2	GB/T 512

通用锂基润滑脂(GB/T 7324—2010) 表 7-6

项　　目		质量指标			试验方法
		1号	2号	3号	
外观		浅黄色至褐色光滑油膏			目测
工作锥入度(0.1mm)		310~340	265~295	220~250	GB/T 269
滴点(℃)	≥	170	175	180	GB/T 4929
腐蚀(T_3 铜片,100℃,24h)		铜片无绿色或黑色变化			GB/T 7326 乙法
钢网分油量(100℃,24h)(%)	≤	10	5		GB/T 4929
蒸发量(99℃,22h)(质量分数)(%)	≤	2.0			GB/T 7325
杂质(显微镜法)(个/cm^3)					SH/T 0336
10μm 以上	≤	5 000	5 000	5 000	
25μm 以上	≤	3 000	3 000	3 000	
75μm 以上	≤	500	500	500	
125μm 以上	≤	0	0	0	

续上表

项目	质量指标			试验方法
	1号	2号	3号	
氧化定性(99℃,100h,0.76MPa) 压力降(MPa) ≤	0.070			SH/T 0325
相似黏度(−15℃,$10s^{-1}$)(Pa·s) ≤	800	1 000	1 500	SH/T 0048
延长工作锥入度(100 000)(0.1mm) ≤	380	350	320	GB/T 269
水淋流失量(38℃,1h)(质量分数)(%) ≤	10	8		SH/T 0109
防腐蚀性(52℃,48h)	合格			GB/T 5018

1. 与润滑油比,润滑脂有哪些优点?
2. 试述汽车润滑脂的组成及各组成部分的质量比及其作用。
3. 列举汽车润滑脂的使用性能,并分别解释各项使用性能的含义。
4. 什么是锥入度,它是评定润滑脂哪项使用性能的指标?
5. 比较钠基润滑脂、钙钠基润滑脂、钙基润滑脂、锂基润滑脂的抗水性。
6. 解释 L-XCCHA2 的含义。
7. 钙基润滑脂、石墨钙基润滑脂、通用锂基润滑脂从外观上看有什么差异?

第八章　汽车制动液

《机动车辆制动液》(GB 12981—2003)明确了汽车制动液(brake fluid)的概念。汽车制动液是机动车液压制动系统所采用的传递压力的工作介质。

过去,我国将汽车制动液大致分为矿油型、醇型和合成型3类。但由于矿油型制动液对天然橡胶有溶胀作用,必须使用耐油橡胶皮碗,实际难以满足,在GB 10830—1998中强调制动液应是非矿油型的。醇型制动液由蓖麻油与醇类制成,沸点低,仅有80℃左右,吸湿性大,易产生气阻,1991年12月31日国家技术监督局已宣布停止使用这类制动液。所以,现代汽车使用制动液主要是合成型制动液。合成型制动液以有机溶剂中的醇、醚和脂为基础,再加入添加剂调制而成。目前,合成型制动液是世界上广泛使用的汽车制动液。《机动车辆制动液》(GB 12981—2003)规定了合成制动液的技术条件和试验方法。

第一节　汽车制动液的使用性能

一、高温抗气阻性

现代汽车的车速越来越高,在平坦道路上行驶时,制动液的温度一般为100~130℃,最高可达150℃。行驶于多坡道山间公路的汽车,由于制动频繁,制动液温度更高。因此,防止因高温气阻造成制动失灵是对制动液使用性能的主要要求之一。

评定汽车制动液高温抗气阻性的指标是平衡回流沸点和湿平衡回流沸点。

平衡回流沸点(ERBP)与馏分沸点不同。是表示在冷凝回流系统内与大气平衡条件下,试样沸腾的温度。《制动液平衡回流沸点试验方法》(SH/T 0430—1992)的要点是:主要仪器为100mL的双口圆底烧瓶,瓶口上安装直型冷凝管和温度计。取60mL试样,在100mL烧瓶内与大气平衡,以一定的回流速度(1~2滴/秒)加热至沸腾,将在一定时间内(2min)所测出的平均沸腾温度校准到标准大气压下的温度作为平衡回流沸点。

湿平衡回流沸点(Wet Equilibrium Reflux Boiling Point,WERBP)是在制动液试样中按一定的方法增湿后测得的该溶液的平衡回流沸点,以评定制动液吸水后平衡回流沸点的下降趋势。GB 12981—2003中附表C“制动液湿平衡回流沸点测定法”规定了汽车制动液的平衡回流沸点的测定方法。

实验指导

1. 实验所用仪器

(1)沸点测定仪:沸点测定仪见图8-1。

(2)烧瓶:100mL圆底双口短颈耐热玻璃烧瓶。

(3)冷凝管:冷凝管夹套长为200mm,下端有一19号标准磨塞,端面为倾斜空的直形内芯冷凝管。

(4)沸石:每次测定用3~4颗直径为2~3mm的碳化硅颗粒(或无釉陶瓷颗粒),粒度为8号。

(5)温度计:校正合格的3号滴点温度计,符合《石油产品实验用液体温度计技术条件》(GB 514)。

(6)电加热器:能满足实验步骤(1)所规定的加热要求。

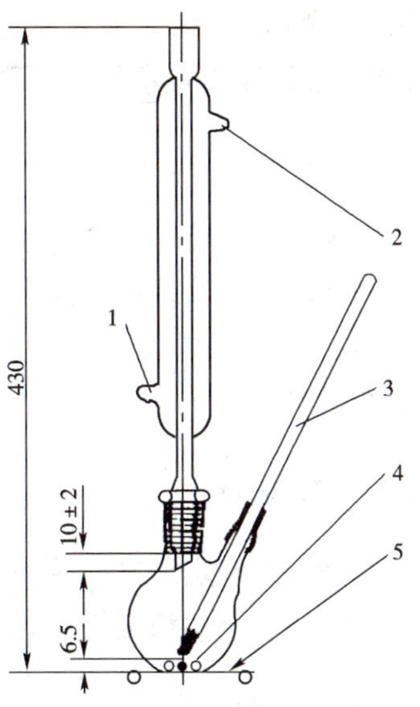

图8-1 沸点测定装置图(尺寸单位:mm)
1-进水口;2-出水口;3-温度计;4-沸石;5-石棉金属网

2. 实验用样品

试样不少于200mL。

3. 实验方法和步骤

(1)一切准备就绪后,先开冷却水,再用电加热器迅速加热,使试样在10min±2min内沸腾,要求回流速度在1~5滴/s,然后立即调整温度,使回流速度达到1~2滴/s,在此回流速度下,保持5min±2min后,每隔30s连续读取4个温度值(读准到0.3℃),取其平均值作为读数结果。

(2)记录实验条件下的大气压力。

4. 实验结果

取重复测定的两个结果的算术平均值,作为试样测定的结果。

二、与橡胶的配伍性

汽车液压制动系有皮碗、软管等橡胶件,要求制动液对橡胶零件不会造成显著的溶胀、软化或硬化等不良影响。

制动液与橡胶的配伍性通过橡胶皮碗试验评定,即在规定的试验条件下(皮碗规格、材料、试验温度和时间),将皮碗浸入制动液中,然后,观察外观,测定根径增值和硬度下降值。皮碗材料为丁苯胶(SBR)等,直径为28.25mm。试验在120℃、70h和70℃、70h两种条件下分别进行。

三、抗腐蚀性和防锈性

汽车液压制动系的缸体、活塞、弹簧、导管和阀等零件主要使用铸铁、铝、铜和钢等材料制成,要求制动液不引起金属腐蚀。另外,当制动液渗进橡胶分子的间隙中时,会从橡胶中抽出一部分组分,抽出物对金属的腐蚀作用也应限制。

汽车制动液的抗腐蚀性和防锈性用制动液金属叠片腐蚀检验法和制动液防锈性检验法评定。

四、低温流动性

当气温低时,汽车液压制动液黏度会增大,使其流动性变差,影响压力的准确传递。因此,为保证制动可靠,要求汽车制动液在低温时黏度增加较小,具有较好的低温流动性。

评定汽车制动液低温流动性和高温黏度的指标有:-40℃、100℃的运动黏度;-40℃、

-50℃时的流动性(倒置试管测气泡上升到液面的时间);-40℃、-50℃的试样外观(放置规定时间后,取出观察其外观变化,如透明度、沉淀、分层等现象)。

五、溶水性

要求制动液吸水后能与水互溶,不产生分离和沉淀。

制动液的溶水性通过溶水性试验来评定。其方法是:将增湿后的制动液加入到一定容量的离心管中,在规定的温度下保持一定时间后,观察试样的外观和离心管倒置时气泡上升到液面的时间。

六、稳定性

制动液在规定的试验条件下,加热后和与相容液体混合后,平衡回流沸点变化要小,即高温稳定性和化学稳定性要好。

七、抗氧化性

腐蚀往往是氧化引起的,为了防止腐蚀,制动液应在高温下具有抗氧化性。

制动液抗氧化性通过抗氧化性试验来评定。其方法是:用过氧化苯甲酰、蒸馏水和制动液配成试验用混合液,并放入1/8个橡胶皮碗和铝、铸铁试片组。在70℃烘箱内保持168h后,取出试片,检查有无坑蚀、粗糙不平等腐蚀现象,并计算试片的质量变化。

第二节　汽车制动液的规格

一、国外汽车制动液的规格

国外汽车制动液典型规格有3个系列:

(1)美国联邦机动车辆安全标准(FMVSS)。

具体是FMVSSNo.116DOT-3、DOT-4、DOT-5(表8-1)。这是世界公认的通用标准。

SAE和DOT系列汽车制动液规格标准　　表8-1

项目		SAE系列		DOT系列		
		J1703e	J1703f	DOT-3	DOT-4	DOT-5
平衡回流沸点(℃) >	干沸点 湿沸点	190	205	205 140	230 155	260 180
运动黏度(mm^2/s)	-40℃ 100℃	1 800以下 1.5以上	1 800以下 1.5以上	1 500以下 1.5以上	1 800以下 1.5以上	900以下 1.5以上
pH值		7.0~11.5				
稳定性(沸点变化)(℃)	185.2h化学稳定性	3以下				

续上表

<table>
<tr><td colspan="4" rowspan="2">项 目</td><td colspan="2">SAE 系列</td><td colspan="3">DOT 系列</td></tr>
<tr><td>J1703e</td><td>J1703f</td><td>DOT-3</td><td>DOT-4</td><td>DOT-5</td></tr>
<tr><td rowspan="4">金属腐蚀性（100℃，120h）</td><td>金属试验片</td><td>质量变化（mg/cm²）<</td><td>马口铁
钢
铝
铸铁
黄铜
紫铜</td><td colspan="5">±0.2
±0.2
±0.1
±0.2
±0.4
±0.4</td></tr>
<tr><td colspan="3">外 观</td><td colspan="5">无点蚀</td></tr>
<tr><td>液体性状</td><td colspan="2">外观
pH 值
沉淀（%）（体）</td><td colspan="5">不生成胶状或结晶性物质
7.0～11.5
0.10 以下</td></tr>
<tr><td>橡胶皮碗状态</td><td colspan="2">根部直径增加值（mm）
硬度变化（HS）外观</td><td colspan="5">1.4 以下
0～−15
无鼓泡，不析出炭黑，形状和表面无显著变化</td></tr>
<tr><td>耐寒性</td><td colspan="3">−40℃，144h
−50℃，60h</td><td colspan="5">透明，不分层，不沉淀，气泡上升时间在 10s 以下
透明，不分层，不沉淀，气泡上升时间在 35s 以下</td></tr>
<tr><td>溶水性（DOT-5 仅吸湿试验）</td><td colspan="3">−40℃，120h
60℃，24h，沉淀外观</td><td colspan="5">容器倒置、气泡上升时间在 10s 以下
小于 0.05%（体积）
透明，不分层</td></tr>
<tr><td rowspan="2">蒸发性 100℃，7 昼夜</td><td colspan="3">蒸发减量，质量（%）</td><td colspan="5">小于 80</td></tr>
<tr><td>残留物</td><td colspan="2">外观倾点（℃）</td><td colspan="5">无沙砾磨料性沉淀在 −5 以下</td></tr>
<tr><td>液体相容性</td><td colspan="3">−40℃，24h
60℃，24h</td><td colspan="5">透明，不分层，无沉淀，（DOT-5 允许分层）
不分层，沉淀 0.05%（体积）以下（DOT-5 允许分层）</td></tr>
<tr><td rowspan="2">抗氧化性</td><td>质量变化（mg/cm²）</td><td colspan="2">铝
铸铁</td><td colspan="5">0.05 以下
0.3 以下</td></tr>
<tr><td colspan="3">外观</td><td colspan="5">无点蚀，不粗糙，无胶状附着物</td></tr>
<tr><td rowspan="2">橡胶相容性（SBR 橡胶）</td><td>70℃
70h</td><td colspan="2">根部直径增加值（mm）
硬度变化（HS）外观</td><td colspan="5">0.15～1.4
0～−10
橡胶形状和表面无显著变化</td></tr>
<tr><td>120℃
70h</td><td colspan="2">根部直径增加值（mm）
硬度变化（HS）外观</td><td colspan="5">0.15～1.4
0～15
橡胶形状和表面无显著变化</td></tr>
<tr><td colspan="4">台架实验，120℃，85 000 次行程</td><td colspan="5">通 过</td></tr>
</table>

（2）美国汽车工程师协会标准（SAE）。

具体是 SAEJ 1703e、SAEJ 1703f 等（表 8-1）。

（3）国际标准化组织标准（ISO）。

具体规格是《道路车辆—非石油基制动液》（ISO 4925—1978），它是参照 FMVSS No.

116 DOT-3 制订的，100℃的运动黏度不小于 1.5mm²/s，平衡回流沸点不低于 205℃；湿平衡回流沸点不低于 140℃。

二、国内汽车制动液规格

1. 汽车制动液使用技术条件

《机动车辆制动液》（GB 12981—2003）以 JG 作为汽车制动液使用技术条件规格的代号，简称 JG 系列。JG 系列机动车制动液按使用技术条件分为 JG3、JG4、JG5 共 3 级。J、G 分别为交通运输部、公安部两部汉语拼音字的第一个字母，JG 右下角的阿拉伯数字 3、4、5 为 JG 系列各级的序号。

2. 合成制动液规格技术标准

2003 年，我国颁布《机动车辆制动液》（GB 12981—2003）。该标准按机动车辆安全使用要求将制动液分为 HZY3、HZY4、HZY5 三种产品，规定了以合成液体为基础液并加有多种添加剂制成的合成制动液的技术要求和试验方法（表 8-2）。HZY3、HZY4、HZY5 中的 H、Z 和 Y 分别为合成、制动和液体的汉语拼音的第一个字母（大写）；阿拉伯数字 3、4、5 作为区别本系列各标准的标记。它们分别对应国际通用产品 DOT3、DOT4、DOT5 或 DOT5.1。

机动车辆制动液的技术要求 表 8-2

项目	质量指标			试验方法
	HZY3	HZY4	HZY5	
外观	无沉淀及悬浮物，清澈透明液体；硅酮型 HZY5 制动液为紫色透明液体			目测
平衡回流沸点（ERBP）（℃） ≥	205	230	260	SH/T 0430
湿平衡回流沸点（WERBP）（℃） ≥	140	155	180	本标准附录 C①
运动黏度（mm²/s）	—	—	—	GB/T 265
-40℃ ≤	1 500	1 800	900	
100℃ ≥	1.5	1.5	1.5	
pH 值	7.0 ~ 11.5			GB/T 7304②③
液体稳定性（ERBP）变化（℃） ≤	—	—		本标准附录 D
高温稳定性（185℃ ±2℃，120min ±5min）	±3	±[3 +0.05 ×（ERBP-225）]		
化学稳定性③	±3	±[3 +0.05 ×（ERBP-225）]		
腐蚀性（100℃ ±2℃，120h ±2h）	—			本标准附录 E④
试验后金属片状态	—			
质量变化（mg/cm²） ≤	—			
镀锡铁皮	±0.2			
钢	±0.2			
铸铁	±0.2			
铝	±0.1			
黄铜	±0.4			
紫铜	±0.4			

续上表

项目	质量指标			试验方法
	HZY3	HZY4	HZY5	
锌	±0.4			
外观	无肉眼可见坑蚀和表面粗糙不平，允许脱色或出现色斑			
试验后试液性能				
外观	23℃ ±5℃时不凝胶，在玻璃容器壁或金属表面不形成结晶状物质			
沉淀物体积分数(%) ≤	0.10			
pH 值②③	7.0～11.5			
试验后橡胶皮碗状态				
外观	无鼓泡、脱落表现出的变质			
硬度降低值(IRHD) ≤	15			
根径增值(mm) ≤	1.4			
低温流动性和外观				本标准附录 F
-40℃ ±2℃,144h ±4h				
外观	透过试液观察，遮盖力图上的线条清晰可辨认。试液无淤渣、沉淀、结晶，不分层			
气泡上浮至液面的时间(s) ≤	10			
-50℃ ±2℃,6h ±12min				
外观	透过试液观察，遮盖力图上的线条清晰可辨认。试液无淤渣、沉淀、结晶，不分层			
气泡上浮至液面的时间(s) ≤	35			
蒸发性能(100℃ ±2℃,168h ±2h)				本标准附录 G
蒸发损失质量分数(%) ≤	80			
残余物性质	用指尖摩擦时，沉淀中不含有颗粒性砂粒和磨蚀物			
残余物倾点(℃) ≤	-5			
溶水性(22h ±2h)				本标准附录 H
-40℃				
外观	透过试液观察，遮盖力图上的线条清晰可辨认。试液无淤渣、沉淀、结晶，不分层			
气泡上浮至液面的时间(s) ≤	10			
60℃				
外观	试液不分层			
试液中沉淀物体积分数，% ≤	0.05(鉴定)　0.15(商品)			
液体相溶性(22h ±2h)				本标准附录 H
-40℃				
外观	透过试液观察，遮盖力图上的线条清晰可辨认。试液无淤渣、沉淀、结晶，不分层			
60℃				
外观	试液不分层			
沉淀物体积分数(%) ≤	0.05			
抗氧化性(70℃ ±2℃,168h ±2h)				本标准附录 J
金属片外观	金属片与锡箔接触面之外的部分，无可见坑蚀和点蚀，允许脱色或出现色斑，允许痕量胶质沉积			
金属片质量变化(mg/cm^2) ≤				
铝片	±0.05			
铸铁片	±0.3			

续上表

项　　目	质量指标			试验方法
	HZY3	HZY4	HZY5	
橡胶相溶性(SBR 橡胶皮碗及 EPDM 橡胶试件)				本标准附录 K⑤
硬度降低值(SBR 橡胶皮碗及 EPDM 橡胶皮碗或试件)(IRHD) ≤				
70℃	10			
120℃	15			
皮碗外观	无鼓泡,脱落			
根径增值(SBR 橡胶皮碗)(mm)	0.15～1.40			
体积变化分数(EPDM 橡胶皮碗或试件,70℃和 120℃)(%)	1～10			
行程模拟性能(85 000 次行程,120℃±5℃,6.86MPa±0.34MPa)				本标准附录 L
金属部件状态	金属部件无可见坑蚀和点蚀,允许脱色或出现色斑			
缸体和活塞直径变化(mm) ≤	0.13			
皮碗状态				
硬度降低值(IRHD) ≤	15			
外观	不出现过度的划痕、变形、鼓泡、裂纹、蜕皮或外形变化			
皮碗根径增值(mm) ≤	0.90			
皮碗唇径过盈量(%) ≤	65			
任意 24 000 次行程期间液体损失量(mL) ≤	36			
缸体活塞工作状态	无卡滞和不良工作状况			
最后的 100 次行程期间液体损失量(mL) ≤	36			
试验后试液状态				
液体状态	不含去除不掉的沉淀和胶状附着物			
沉淀体积分数(%) ≤	1.5			
缸体外观	试验期间缸体和其他金属部件上沉淀不多于痕量,制动缸体上不附着用蘸乙醇的布擦除不掉的沉淀			

注:①仲裁试验以本标准附录 C 中 A 法为准。

②测定 pH 值应按下述步骤操作:

a. 称取 4g 氢氧化钠(NaOH)于烧杯中,加少量蒸馏水后倒入容量瓶并稀释至 1 000mL,配成物质的量浓度为 0.1mol/L的氢氧化钠水溶液。

b. 按体积比(80%/20%)配制乙醇/蒸馏水混合溶剂,在 23℃±5℃下用物质的量浓度 0.1mol/L 氢氧化钠水溶液调节 pH 值为 7.0±0.1。若 0.1mol/L 氢氧化钠溶液耗量超过 4mL,则混合溶剂应重新配制。

c. 用制动液样品与 pH 值为 7.0 的乙醇/蒸馏水混合溶剂等体积配成试样,按 GB/T 7304 方法测定该试样的 pH 值,测定结果作为制动液的 pH 值。

③硅酮型 YZY5 制动液不进行此试验。

④允许采用符合 HG 2865 的皮碗进行此试验。仲裁以采用国家标准样品进行的试验为准。

⑤液体相容性试验取 50mL±0.5mL 的制动液与 50mL±0.5mL 的相容性试验标准样品配成混合溶液,其余试验步骤按本标准附录 H 进行,但不测定气泡上浮至液面的时间。

第三节　汽车制动液的选择

汽车制动液的选择应坚持两条原则：一是使用合成制动液；二是质量等级以 FM SS No. 116DOT 标准为准。我国各种汽车制动液的主要使用特性和推荐使用范围见表 8-3。

JG 系列汽车制动液的主要特性和推荐使用范围　　表 8-3

级别	车制动液的主要特性	推荐使用范围
JG3	具有良好的高温抗气阻性能和优良的低温性能	相当于 ISO 4926—78 和 DOT-3 的水平，我国广大地区使用
JG4	具有优良的高温抗气阻性能和良好的低温性能	相当于 DOT-4 的水平，我国广大地区均可使用
JG5	具有优异的高温抗气阻性能和低温性能	相当于 DOT-5 的水平，供特殊要求车辆使用

1. 汽车制动液的概念。
2. 我国汽车制动液可分成哪三类？
3. 汽车制动液使用性能有哪些？各项评定指标是什么？
4. 国外制动液规格有哪些？并指出其具体内容。
5. 国内车辆制动液的目前使用标准是什么？
6. 合成制动液有哪三种？分别对应国际通用产品的什么型号？
7. 汽车制动液的选择原则有哪些？
8. 试述 JG 系列汽车制动液的主要特性及使用范围。
9. 了解汽车制动液平衡回流沸点测试实验的基本过程。

第九章　自动变速器油

我国一些进口汽车和近年来生产的新型乘用车很多采用自动变速器，并且高档轿车和重型载货汽车传动系发展趋势之一，就是采用液力自动变速器。汽车自动变速器的工作原理以液力和液压为基础，其工作介质就是液力传动油，因此，汽车自动变速器油简称为ATF（Automatic Transmission Fluid）又称液力传动油。

第一节　自动变速器油的使用性能

自动变速器油是一种多功能液体，应具备传能、控制、润滑和冷却等多种功能。

一、低温性和黏温性

自动变速器油的使用温度范围很宽，一般为－40～170℃。自动变速器的功能对自动变速器油的黏度十分敏感，而组成自动变速器的各部件对自动变速器油的黏度要求不同。从提高液力变矩器的传动效率，控制系统动作的灵敏性角度看，黏度低有利；为满足齿轮和轴承的润滑要求，减少液压控制系统和油泵泄漏，自动变速器油的黏度也不能过低。因此，自动变速器油必须兼顾多种功能，具有适当的黏度和良好的低温性、黏温性。

对自动变速器油要求测定100℃、－23℃和－40℃时的黏度，并要求进行稳定性试验，即测定耐久性试验后99℃时的黏度。

二、热氧化安定性

自动变速器油的热氧化安定性是使用中一个极为重要的问题。因为自动变速器油的使用温度很高，如热氧化安定性不好，则会生成油泥、漆膜和沉淀物，少量沉淀物便会使自动变速器压力控制机构的管路和阀门的工作受到影响，油内氧化生成的酸或过氧化物对轴承、橡胶密封材料也有损害。因此，对自动变速器油热氧化安定性要求严格。

各种规格自动变速器油热氧化安定性多采用“氧化试验”来评定。

三、抗磨性或极压抗磨性

为确保自动变速器的行星齿轮机构、轴承、垫圈和油泵等长期正常工作，要求自动变速器油必须润滑良好。变速机构中主要零件的接触面多为钢和钢、钢和青铜等，则自动变速器油应保证对不同材料的摩擦副都能有良好的抗磨性。

自动变速器油的抗磨性是通过四球机磨损试验、梯姆肯磨损试验和叶片泵试验来评定的。

四、对橡胶材料的适应性

自动变速器油不应使自动变速机构中使用的丁腈橡胶、丙烯橡胶和硅橡胶等密封材料过分膨胀、收缩和硬化；否则，将会产生漏油和其他危害。

自动变速器油与橡胶密封材料的适应性通过橡胶浸泡试验来评定。

五、摩擦特性

自动液力变速器换挡执行机构的离合器属于湿式多片摩擦离合器，自动变速器油作为摩擦介质，要求有与摩擦片相匹配的静、动摩擦系数；否则，会影响换挡性能。

摩擦特性通过台架试验或实车试验进行评定。

六、抗泡沫性

自动变速器油产生泡沫对液力传动系统危害极大。泡沫使液力变矩器传递效率下降；泡沫影响自动控制系统的准确性；泡沫的可压缩性导致液压系统压力波动和下降，甚至供油中断。

自动变速器油的抗泡沫性能通过 GM DTD 泡沫试验器、ASTMD892 程序试验评定。

第二节　自动变速器油的规格

一、国外自动变速器油的规格

国外自动变速器油的规格多采用美国 ASTM 和 APl 共同提出的 PTF(Power Transmission Fluid)使用分类(表 9-1)，将 PTF 分为 PTF-1、PTF-2 和 PTF-3 共 3 类。

汽车自动液的使用和分类(2002)　　表 9-1

分类	适 用 范 围	相 应 规 格
PTF-1	轿车轻型货车的自动传动装置	通用汽车公司 Dexron ⅱD ⅱE ⅲ 福特汽车公司 Mercon ，newmercon
PTF-2	重负荷功率转换器，货车负荷较大的汽车自动传动装置，多级变矩器和液力耦合器	埃列逊公司 Allison C-3 Allison C-4
PTF-3	农业和建筑机械的分动箱传动装置，液压、齿轮、制动装置，和发动机共用的润滑系统	约翰狄尔公司 J-20B J-14B JDT-303 福特汽车公司 W2C41A

表 9-1 所列的 3 类油，PTF-1 类油主要用于轿车、轻型货车作自动变速器油。此类油对低温黏度要求较高，即要有好的低温起动性。GM DEXRON Ⅱ 的规格有 DEXRON Ⅱ -C 型(不抗银)和 DEXRON Ⅱ -D 型(抗银)之分，这主要考虑油品对自动变速器油冷却器含银件的腐蚀问题。PTF-2 类油与前者最大的不同是负荷高，因此，对极压、抗磨要求较高，而对低温黏度要求放宽了。PTF-3 类油主要用在农业和建筑业机械的低速运转的变速器中，对耐负荷性和抗磨性的要求比 PTF-2 类油更严格。

轿车、轻型货车用自动变速器油(液力传动油)的典型规格是通用汽车公司(GM)的 DEXRON Ⅱ(表 9-2)。

美国 GM DEXRON Ⅱ 汽车液力传动油的规格　　表 9-2

项　目	GM DEXRON Ⅱ 规格
黏度 －23.3℃(mPa·s) －40℃(mPa·s)	 4 000(最大) 5 000(最大)
黏度安定性(耐久试验) 99℃(mm^2/s)	5.5(最小)
闪点(℃)	160 最小
铜片腐蚀	变黑,无片状(204℃,3h)
防锈性	无锈
对橡胶密封材料的影响	浸泡试验,观察试验前后体积和硬度的变化
极压抗磨性	动力转向泵试验(7MPa,2 950r/min,50h)
热氧化安定性	THM-350 氧化试验(THCT),163℃,300h,空气量 90mL/min
摩擦特性	参看下面的 HEF CAD
传动耐久性试验	(1)THCT、THM-350 135℃,循环后换挡时间 0.35 ~ 0.75s (2)HEF CAD,SAE No.2 摩擦试验机 140℃,100h
换挡试验	用实车试验,和标准具有同等的换挡性能
混合性	合格
臭味	无臭
抗泡性	94 无泡,135 泡沫高度 9.5mm(最大),消泡 23s(最大)

二、国内自动变速器油的规格

目前,我国液力传动油仅有两种企业规格(表 9-3、表 9-4),按 100℃运动黏度分为 8 号和 6 号两种,都是采用精制的基础油加入油性剂、抗磨剂、抗氧化剂、黏度指数改进剂和抗泡剂等。8 号液力传动油相当于国外 PTF-1 类油中的 GM DEXRON Ⅱ 规格,主要用作轿车的液力传动油。6 号液力传动油相当于国外 PTF-2 类油,主要用于内燃机车、载货汽车以及工程机械的液力传动系统。

国产 8 号液力传动油规格　　表 9-3

项　目		质量指标	试验方法
运动黏度(100℃)(mm^2/s)	≥	8	GB/T 265—88
－20℃	≤	2 000	
闪点(开口)(℃)	≥	160	GB/T 267—88 或 GB/T 3536
凝点(℃)	≤	－55(－25)	GB/T 510—88
机械杂质(%)	≤	无	GB/T 511—88
水分(%)	≤	无	GB/T 3142—88
临界负荷(常温)(N)	≤	800	GB/T 3142—88
抗泡沫性(93℃,24℃)(mL)	≥	50	GB/T 12579—90
腐蚀(铜片,100℃,3h)		合格	GB/T 0195—92

国产 6 号液力传动油规格

表 9-4

项　　目		质量指标	试验方法
运动黏度(50℃)(mm^2/s)		18～24	GB/T 265—88
酸值(mgKOH/g)	≤	0.08	GB/T 264—83
闪点(开口)(℃)	≥	160	GB/T 267—88 或 GB/T 3536
凝点(℃)	≤	-35	GB/T 510—88
水溶性酸或碱		无	GB/T 295—88
灰分(%)	≤	0.005	GB/T 508—85
机械杂质(%)		无	GB/T 511—88
水分(%)		无	GB/T260—72(88)
腐蚀(铜片,100℃,3h)		合格	SH/T 0195—92—2000
抗氧化安定性:氧化后酸值		0.35	SH/T 0193
氧化后沉淀(%)		0.1	

第三节　自动变速器油的选择

按车辆使用说明书的规定,选用适当品种的液力传动油。轿车和轻型货车应选用 8 号油,进口轿车要求用 DEXRON Ⅱ型自动变速器油的均可用 8 号油代替。重型货车、工程机械的液力传动系统则应选用 6 号油。全液压的拖拉机、工程机械应选用拖拉机传动、液压两用油。

1. 自动变速器油的使用性能有哪些?

2. 国外自动变速器油的规格有哪些?说明各规格使用范围。

3. 我国自动变速器油的两种企业规格:8 号和 6 号是根据什么划分的?分别相当于国外自动变速器油的什么规格?

第十章　汽车其他工作液

第一节　汽车发动机冷却液

在可燃混合气的燃烧过程中，汽缸内的气体温度可达到1 700～2 500℃。为保证汽车发动机正常工作，必须对在高温条件下工作的零件进行冷却。目前，汽车发动机广泛采用强制循环冷却系，冷却液即为发动机冷却系中带走高温零件热量的一种工作介质。

由于发动机性能的逐渐强化，车速不断提高，对汽车冷却系的冷却作用提出了更高的要求，即防沸的问题。汽车冬季露天停放或长时间停车，发动机温度降至与气温相近，因此发动机冷却液应防冻。还要求发动机冷却液能防腐蚀、防水垢。

一、汽车发动机冷却液的使用性能

为保证汽车发动机正常工作和延长发动机的使用寿命，要求汽车发动机冷却液应具备下列特点。

1. 黏度小，流动性好

汽车发动机冷却液的黏度越小越好，这样有利于流动，散热效果好。

2. 冰点低，沸点高

冰点就是在不过冷情况下冷却液开始结晶的温度；或者在过冷情况下结晶开始，短时间内停留不变的最高温度。若汽车在低温条件下停放时间较长，而发动机冷却液的冰点达不到应有的温度，则发动机的冷却水套和散热器就会被冻裂。因此，要求发动机冷却液防冻性好。

沸点是在发动机冷却系与外界大气压相平衡的条件下，冷却液开始沸腾的温度。发动机冷却液在较高温度下不沸腾，可保证汽车在满载、高负荷、高速条件下，或在山区、热带、夏季正常行车。

因此，要求发动机冷却液冬天防冻、夏天防沸。

3. 防腐蚀性好，不损坏汽车有机涂料

发动机冷却液在工作中要接触多种金属材料，如果它对金属有腐蚀性，就会影响发动机的正常工作。为使发动机冷却液有良好的防腐性，要保持冷却液呈碱性状态，要求发动机冷却液的pH值在7.5～11.0之间，超出此范围将对防腐蚀性产生不利的影响。

发动机冷却液是一种化学物质的调和物，在加注中很容易接触到汽车的有机涂料层，这就要求发动机冷却液对汽车有机涂料不能有不良影响，例如剥落、鼓泡和褪色等。

4. 不易产生水垢，抗泡性好

水垢对发动机冷却系的散热强度影响很大。试验表明，水垢的传热系数比铸铁小几十倍，比铝合金小100～300倍。据有关资料介绍，在发动机维修工作中，约有6%是发动机冷却系出现的故障，而故障的常见原因是由于水垢或腐蚀造成的。

发动机冷却液如果产生过多的泡沫，不仅会降低传热系数、加剧气蚀，而且会造成冷却液溢流。

二、乙二醇型汽车冷却液及其标准

1. 用水作汽车发动机冷却液存在的问题

水的比热大，黏度小，在常温下的流动性好。因此，在我国长期以来水一直作为汽车发动机冷却液。但水不能防冻，在0℃时结冰，体积增加8.3%，如果体积膨胀受到限制，产生的压强可达230MPa。若用水作汽车发动机冷却液，在0℃下使用时，即会因水结冰而造成缸体、散热器冻裂。为此，寒冷季节在室外停放，必须将散热器中的水放干净，给使用带来不便。水在工作中还易生成水垢，影响传热系数，加之水达100℃时便沸腾。所以用水作冷却液已不适应汽车使用方便性和现代汽车发动机性能的要求。目前，国内外广泛采用乙二醇水基型发动机冷却液。为了便于运输和储存，很多乙二醇型发动机冷却液商品制成浓缩液，乙二醇含量高达95%，水的含量在5%以下。另外，还添加防腐蚀剂、阻垢剂、消泡剂和着色剂等添加剂。

2. 乙二醇的主要性质

乙二醇的分子式为$C_2H_6O_2$，结构式为$HOCH_2CH_2OH$。纯乙二醇是微酸性、易吸湿、无色透明的黏稠液体。纯乙二醇可燃，但配制成的冷却液则具有明显的阻燃作用。乙二醇有微毒，按我国现行工业毒物的6级毒性分级方法，其毒性属于5级。乙二醇的主要物理化学性质见表10-1。

乙二醇的主要物理化学性质　　表10-1

项　目	数　据	项　目	数　据
分子量	62.07	闪点(开口)(℃)	115.6
相对密度(单位d_{20}^{20})	1.115 5	黏度(50℃)(Pa·s)	20.93×10^{-3}
沸点(℃)	197.8	燃点(℃)	121.0
冰点(℃)	-13.0	自燃温度(℃)	412.8
比热容(kJ/kg·℃)	2.40	密度(g/cm^3)	0.930 2
蒸气压(20℃)(kPa)	0.027		

乙二醇可以与水以一定比例互溶，对降低冰点效果好(图10-1)。当乙二醇浓度为58%(体积比)时发动机冷却液的冰点为-48℃。当乙二醇的浓度在58%～80%时，没有明显的冰点，这不仅不能改善防冻性能，反而会引起低温黏度增加。

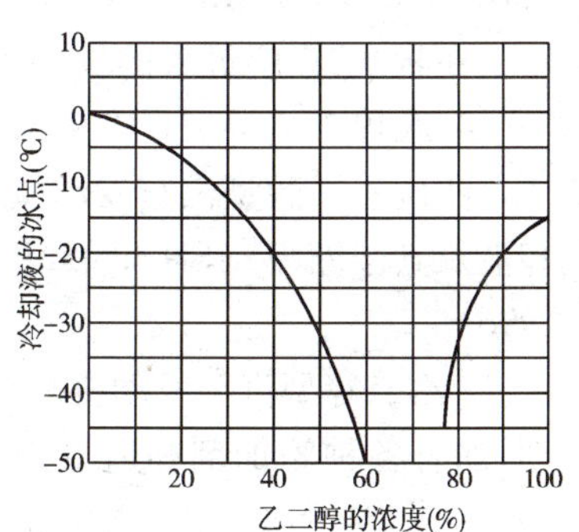

图10-1　乙二醇水溶液的结冰温度

3. 国外乙二醇型汽车发动机冷却液标准

欧美各国和日本等工业发达国家都制定了各自的汽车发动机冷却液标准。最早作出规定的是美国，现在许多发达国家制定的发动机冷却液标准，都是以美国材料试验协会(ASTM)所制定的标准(表 10-2)为依据。

汽车发动机冷却液(ASTM D3306—1994)　　表 10-2

项　　目		质量指标	试验方法
相对密度		1.110～1.145	ASTM D1122
冰点(℃),50%(体积分数)水溶液		－37 或更低	ASTM D1177
沸点(℃),50%(体积分数)水溶液		107.8	ASTM D1120
对汽车有机涂料的影响		无	ASTM D1882
灰分(%)(质量分数)	≤	5	ASTM D1119
pH 值,50%(体积分数)水溶液		7.5～11.0	ASTM D1287
储备碱度	≥	10	ASTM D1121
水分含量(%)(质量分数)	≤	5	ASTM D1123
泡沫最大体积(mL),破裂时间(s)		150,5 以下	ASTM D1881
颜色		便于分辨	
气味		无刺激性气味	
对非金属影响		无	
储存稳定性		1 年以上	
玻璃器皿腐蚀试验			ASTM D1384
金属片质量损失(mg/片)30%(体积分数)水溶液,88℃,336h		紫铜 20,焊锡 60,黄铜 10,钢 10,铸铁 10	
模拟使用腐蚀试验			
金属试片质量损失(mg/片)		紫铜 20,焊锡 60,黄铜 10,钢 10,铸铁 10,铸铝 60	
铸铝热喷射表面腐蚀试验			ASTM D 2807
质量损失(mg/片)		10	
穴蚀试验		语言描述	
行车腐蚀试验		语言描述	ASTM D 2847

在美国,发动机冷却液标准还有美国联邦标准(FED・SPEC・OA-5480)、美国军用标准(MIL-A-11755C、MIL-A-46135B)。

在日本,影响最大的发动机冷却液标准是日本工业标准(JISK 2234)。

4. 我国乙二醇型汽车发动机冷却液标准

我国乙二醇型汽车发动机冷却液标准或安全使用技术条件是《乙二醇型汽车发动机冷却液及其浓缩液》(SH/T 0521—1999)和《汽车发动机冷却液安全使用技术条件》(JT225—1996)。

《乙二醇型汽车发动机冷却液及其浓缩液》(SH/T 0521—1999)规定了以乙二醇为防冻剂,加有各种添加剂和适量的水调配而成的发动机冷却液及其浓缩液的技术条件(表 10-3)。该标准所属产品按质量分为一级品和合格品两个等级;冷却液按冰点分为－25 号、－30 号、－35 号、－40 号、－45 号和－50 号共 6 个牌号。

汽车及轻负荷发动机用乙二醇型冷却液（SH/T 0521—1999） 表 10-3

项　　目	质量指标							试验方法
	浓缩液	冷却液						
		-25 号	-30 号	-35 号	-40 号	-45 号	-50 号	
颜色	有醒目的颜色							目测
气味	无异味							嗅觉
密度(20℃)(kg/m³)	1 107 ~ 1 142	1 053 ~ 1 072	1 059 ~ 1 076	1 064 ~ 1 085	1 068 ~ 1 088	1 073 ~ 1 095	1 075 ~ 1 097	SH/T 0068
冰点(℃) ≤	—	-25	-30	-35	-40	-45	-50	SH/T 0090
50%(体积分数)蒸馏水 ≤	-37	—						
沸点(℃) ≥	163.0	106.0	106.5	107.0	107.5	108.0	108.5	SH/T 0089
50%(体积分数)蒸馏水 ≥	107.8	—						
对汽车有机涂料的影响	无影响							SH/T 0084
灰分①(%)(m/m) ≤	5.0	2.0	2.3	2.5	2.8	3.0	3.3	SH/T 0067
pH 值	—	7.5 ~ 11.0						SH/T 0069
50%(质量分数)蒸馏水	7.5 ~ 11.5	—						
水分(%)(质量分数) ≤	—							SH/T 0086
储备碱度(mL)	报告①							SH/T 0091
氯含量(mg/kg) ≤	25	报告①						SH/T 0621
玻璃器皿腐蚀②								SH/T 0085
试片变化值(mg/片)								
紫铜	±10							
黄铜	±10							
钢	±10							
铸铁	±10							
焊锡	±30							
铸铝	±30							
模拟使用腐蚀③								SH/T 0088④
试片变化(mg/片)								
紫铜	±20							
黄铜	±20							
钢	±20							
铸铁	±20							
焊锡	±60							
铸铝	±60							
铝泵气穴腐蚀③(级) ≥	8							SH/T 0087
铸铝合金传热腐蚀②(mg/cm²) ≤	1.0							SH/T 0620

续上表

项　目	质量指标							试验方法
	浓缩液	冷却液						
		-25号	-30号	-35号	-40号	-45号	-50号	
泡沫倾向 泡沫体积(mL)　≤ 泡沫消失时间(s)　≤	150 5.0							SH/T 0066

注：表中仅列出了一机级品的质量指标。对合格品有以下不同：浓缩合格品的沸点不低于155℃；浓缩液和冷却液的合格品没有“模拟使用腐蚀”和“铝泵气穴”两项。其余质量指标一级品与合格品相同。

①供需双方协商确定的数值。

②为保证项目，不同批次的原材料必须测试。

③为保证项目，产品定型时必须测试。

④对-25号冷却液，可向该产品加入一定量的碳酸氢钠、氯化钠和无水硫酸钠进行试验。

《汽车发动机冷却液安全使用技术条件》(JT 225—1996)规定了汽车发动机冷却液技术条件和推荐使用范围，该标准适用于汽车发动机冷却液的使用检验、社会抽查和行业统检，有关技术条件的内容见表10-4。

汽车发动机冷却液技术条件(JT 225—1996节选)　　表10-4

项　目	技术条件			试验方法
	-25号	-35号	-45号	
颜色	清亮透明、有醒目颜色			目测
气味	无异味			
冰点(℃)	-25	-35	-45	SH/T 0090
沸点(℃)	106	107	108	SH/T 0089
对汽车有机涂料的影响	无			SH/T 0084
pH值	7.5~11.0			SH/T 0069
腐蚀试验，试片变化值(mg/片)				SH/T 0085
紫铜	±10			
黄铜	±10			
钢	±10			
铸铁	±10			
焊锡	±30			
铸铝	±30			
泡沫倾向				SH/T 0066
泡沫体积(mL)　≤	150			
泡沫消失时间(s)　≤	5			

注：对于湿式缸套的柴油机和铝质散热器发动机冷却液应增加气穴试验和模拟使用试验，技术条件和试验方法应符合《汽车及轻负荷发动机用乙二醇型冷却液》(SH 0521—1999)的有关规定。

三、汽车发动机冷却液的选择

1. 汽车发动机冷却液的选择

针对乙二醇水基型发动机冷却液，汽车发动机冷却液的选择主要包括发动机冷却液防冻性的选择和产品质量选择。

汽车发动机冷却液防冻性的选择原则是汽车发动机冷却液的冰点要低于环境最低温度10℃左右，以确保在特殊情况下冷却液不冻结。《汽车发动机冷却液安全使用技术条件》(JT 225—1996)推荐的使用范围见表10-5。

汽车发动机冷却液推荐使用范围(JT 225—1996节选)　　表10-5

牌　号	推荐使用范围
-25号	在我国一般地区如长江以北、华北环境最低气温在-15℃以上地区均可使用
-35号	在东北、西北大部分地区和华北环境最低气温在-25℃以上的寒冷地区使用
-45号	在东北、西北和华北等环境最低气温在-35℃以上的严寒地区使用

发动机冷却液的冰点除极易受外界环境温度影响外，在一定浓度条件下，与冷却液中所加添加剂的类型和用量有很大关系。所以不同厂家生产的冷却液，虽然乙二醇浓度一样，但冰点可能有所不同。上海桑塔纳、奥迪、红旗、捷达、皇冠3.0、雷克萨斯LS400、奔驰560和凯迪拉克等轿车的发动机冷却液均推荐选用G11防冻剂与水的混合液，其冰点与G11浓度的关系见表10-6。

G11防冻剂调配浓度与发动机冷却液冰点之间的关系　　表10-6

冰点(℃)	调配浓度(体积分数)	
	G11	蒸馏水
-25	40%	60%
-30	50%	50%

汽车发动机冷却液产品质量的选择应以汽车制造厂家推荐为准。轿车与载货汽车、汽油车与柴油车以及不同型号的同类汽车，发动机的技术特性、热负荷情况、冷却系的材料均有不同。正因如此，目前国内外的汽车发动机冷却液配方很多，产品的性能指标和试验方法水平不一。所以，汽车发动机冷却液的选择要区别发动机的类型、性能的强化程度和冷却系材料的种类，除了保证发动机冷却液能降温、防冻外，还要考虑防沸、防腐蚀和防水垢等问题。另外，要注意区别是浓缩液还是已调配好的发动机冷却液，是一级品还是合格品。对铝质散热器发动机冷却液的选择，应特别注意对铝金属的防腐蚀性。

2. 汽车发动机冷却液的正确使用

以水以外的发动机冷却液代替冷却水是汽车使用的发展趋势。汽车发动机冷却液的正确使用，除以上介绍的合理选择原则外，还应注意以下事项：

(1)稀释浓缩液要使用蒸馏水或去离子水。

(2)加强发动机冷却系密封性检查，避免冷却液漏失。

(3)由水换成乙二醇型发动机冷却液时，要彻底清洗冷却系。

(4)注意检查冷却液液面高度，视情正确补充。

(5)不同厂家、不同牌号的发动机冷却液不能混用。

(6)对浓缩液用水稀释时，要控制乙二醇浓度(体积比)的下限值和上限值。

(7)发动机冷却液应按其品质进行定期更换。

第二节　减振器油

减振器油是汽车减振器的工作介质。减振器油要有适当的黏度，较高的黏度指数，良好的氧化安定性、防腐性和抗磨性。表10-7是克拉玛依炼油厂的减振器油规格，其特点是凝点很低，有良好的黏温性，适合在寒区使用。

减振器油规格(Q/XJ 2009—87)　　表 10-7

项　　目		质量指标	试验方法
运动黏度(50℃)(mm^2/s)	≥	8	GB 265
运动黏度比(30℃,50℃)	≤	200	GB 265
闪点(开口)(℃)		150	GB 275
凝点(℃)	≤	-55	GB 516
水分		无	GB 260
机械杂质		无	GB 511
酸值(未加剂,按 KOH 计)(mg/g)		0.1	GB 264
水溶性酸或碱(未加剂)		无	GB 259
腐蚀试验(T_2,铜片,100℃,3h)		合格	ZBF 24013

使用中要注意保持减振器密封良好,无渗漏现象。在 40 000 ~ 50 000km 定期维护时,拆检减振器,同时更换减振器油,油量不能过多或过少,如东风 EQ1092 型汽车为 0.44L(每个),解放 CA1091 型汽车为 0.37L(每个)。

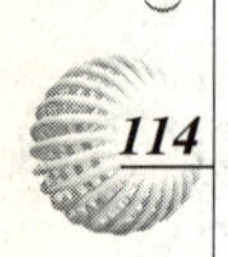

第三节　汽车空调制冷剂

一、汽车空调制冷剂的使用性能

汽车空调包括冷气、暖气、去湿和通风等装置。冷却装置是使车内的空气或抽入车内的外部新鲜空气变冷或去湿,从而令人舒服的设备。制冷剂是在制冷装置的功能部件中循环的物质,通过膨胀和蒸发吸收热量,从而产生制冷效应。

汽车空调制冷剂应具备以下使用性能:

(1)无毒,无臭。

(2)不易燃,不爆炸。

(3)易于改变吸热和散热的状态,有很强的重复变态能力。

(4)化学性质稳定,无腐蚀性。

(5)与润滑油无亲和作用,可与冷冻机油以任意比例相容。

(6)有利于环境保护。

二、汽车空调制冷剂的品种和使用

汽车空调制冷剂最广泛使用的是 R-134a(HFC-134a),其中的 R 是 Refrigrant(制冷剂)的第一字母,其配方有两种。

配方 1

R134a(四氯代乙烷)　40%

R125(五氯代乙烷)　40%

R220(一氯二氟代甲烷)　20%

配方 2

R134s(四氯代乙烷)　20%

R125(五氯代乙烷)　70%

R22(一氯二氟代甲烷)　10%

R-134a 制冷剂的理化特性见表 10-8。

R-134a 制冷剂的理化特性　　表 10-8

项　　目	R-134a	项　　目	R-134a
学名	四氯乙烷	临界压力(MPa)	4.065
分子式	CH_2FCF_3	临界密度(kg/cm^3)	511
分子量	102.03	0℃蒸发潜热(kJ/kg)	197.5
沸点(℃)	-26.19	燃烧性	不燃
临界温度(℃)	101.14	臭氧破坏系数	0

R-134a 在大气压下的沸点为 -26.19℃。在 98kPa 压力下的沸点为 -10.6℃(水在 98kPa 压力下的沸点为 121℃)。如果在正常室温及大气压下,将 R-134a 暴露并释放到空气中,R-134a 会立即从周围空气中吸收热量并立即沸腾,从而转化为气体。同时,R-134a 很容易在加压状态下冷凝而回复液态。

图 10-2 为 R-134a 与温度及压力之间关系的特性曲线。图中表明了在各种温度和压力条件下,R-134a 的沸点。在该图中,曲线以上的部分为气态 R-134a,曲线以下的部分为液态 R-134a。通过提高压力而不改变温度,或降低温度而不改变压力两种方法,均可使气态的制冷剂转化为液态的制冷剂(见图 10-2 中①、②部分的数字)。相反,通过降低压力而不改变温度,或升高温度而不改变压力的方法,便可将液态制冷剂转化为气态制冷剂(见图 10-2 中③、④部分的数字)。

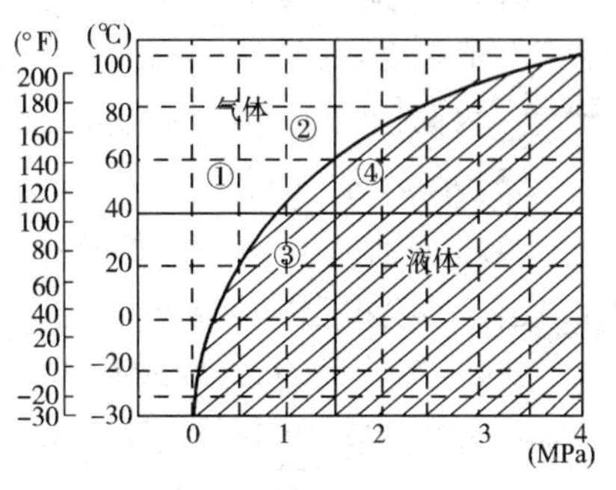

图 10-2　R-134a 蒸汽压力曲线

1. 为什么要对发动机进行冷却?
2. 发动机冷却液的使用性能有哪些?
3. 乙二醇型冷却液比用水作冷却液更优越,为什么?
4. 目前国内乙二醇型冷却液的使用标准是什么?具体的等级和牌号是什么?
5. 汽车发动机冷却液的选择原则是什么?
6. 正确使用发动机冷却液,应注意哪些事项?
7. 汽车减速器油的使用性能有哪些?
8. 汽车空调制冷剂的使用性能有哪些?
9. 如何改进和更新原有设备和材料,才能正常有效地使用 R-134a 制冷剂?

第十一章　汽车轮胎

轮胎是汽车行驶系的主要组成部分之一，轮胎的合理使用关系到汽车的安全行驶、能源的节约和汽车运输成本的降低。轮胎费用约占汽车成本的10%以上，轮胎的技术状况可使油耗在10%～15%范围内变化。我国对汽车轮胎的技术状况、管理和使用都有标准要求。

轮胎对汽车的性能有很大的影响。轮胎安装在轮辋上，直接与路面接触，它的作用是：

(1)与汽车悬架共同起到缓和汽车行驶时所受冲击力，衰减由此而产生的振动作用，以保证汽车有良好的乘坐舒适性和行驶平顺性。

(2)保证车轮和路面有良好的附着性，以提高汽车的动力性、制动性和通过性。

(3)承受汽车的载荷。

因此，轮胎必须有适宜的弹性和承受载荷的能力。同时，在其与路面直接接触的胎面部分，具有一定深度用以增强附着作用的花纹。

此外，车轮滚动时，轮胎在所承受的重力和由于道路不平而产生的冲击载荷作用下受到压缩所消耗的功，在载荷去除后并不能完全回收，有一部分消耗于橡胶的内摩擦，结果使得轮胎发热。温度过高将严重地影响橡胶的性能和轮胎的组织，从而大大增加轮胎的磨损而缩短轮胎的使用寿命。轮胎发热的程度随轮胎的结构、内部压力、载荷、行驶速度和所传递转矩的大小而改变。这些因素在轮胎设计、制造和使用时，必须充分考虑，以提高轮胎的使用性能和使用寿命。

第一节　汽车轮胎的分类和组成

汽车轮胎按用途分，可分为载重汽车轮胎和轿车轮胎。而载重汽车轮胎，又分为微型、轻型和重型载重汽车轮胎。

汽车轮胎按胎体结构不同可分为充气轮胎和实心轮胎。现代汽车绝大多数采用充气轮胎。

充气轮胎按组成结构不同，又分为有内胎轮胎和无内胎轮胎两种。

充气轮胎按胎体中帘线排列的方向不同，还可分为普通斜交胎和子午线胎。

一、有内胎的充气轮胎

这种轮胎由外胎1、内胎2和垫带3组成，见图11-1a)。内胎中充满压缩空气；外胎是用以保护内胎使其不受外来损害的、强度高而富有弹性的外壳；垫带放在内胎与轮辋之间，防止内胎被轮辋及外胎的胎圈擦伤和磨损。轮胎外胎的一般构造和各部位名称，见图11-1b)。

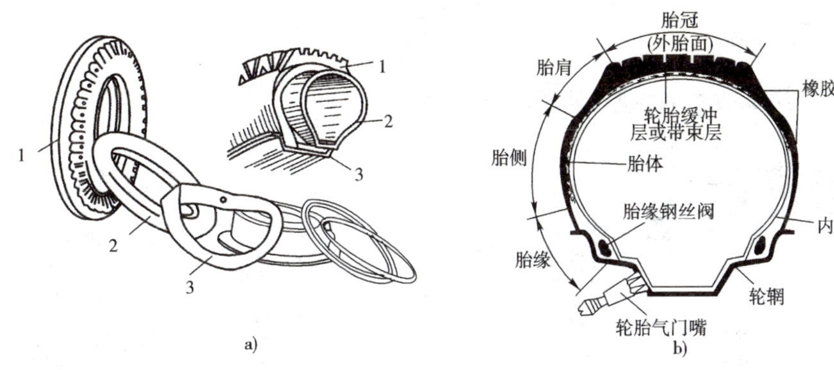

图 11-1　充气轮胎的组成及各部位名称

a)充气轮胎的组成;b)外胎的各部位名称

1-外胎;2-内胎;3-垫带

轮胎与地面的接触部分为外胎面,也称胎冠,是轮胎的主要工作部分。胎冠与胎侧的过渡部分为胎肩。轮胎与轮辋相接触部分称为胎缘。胎缘内部有钢丝圈。外胎内侧为胎体,也称帘布层。胎体与胎冠之间为缓冲层,也称带束层。

按胎内的空气压力大小,充气轮胎可分为高压胎、低压胎和超低压胎三种。过去,一般气压在 0.5 ~0.7MPa 者为高压胎,0.15 ~0.45MPa 为低压胎,0.15MPa 以下者为超低压胎。随着制造轮胎用的原材料的不断发展,轮胎负荷能力大幅度提高,相应的气压也提高了,而轮胎的缓冲性能仍在某种程度上保持了原来同规格“低压胎”的性能。因此,按过去的划分,标准属于高压胎气压范围者,现在国内外已将其归于“低压胎”这一类。如国产规格为 9.00 ~20 的 14 层级尼龙胎,载荷容量为 22 300N,气压 0.67MPa,仍属低压胎。

目前,轿车、货车几乎全都采用低压胎。因为低压胎弹性好,断面宽,与道路接触面积大,壁薄而散热性良好。这些特点,提高了汽车行驶的平顺性、转向操纵的稳定性。此外,道路和轮胎本身的寿命也得以延长。

目前,普通斜交胎和子午线胎在汽车上得到广泛应用,特别是子午线胎应用最广泛。

二、无内胎的充气轮胎

无内胎充气轮胎近年来在轿车和一些货车上的使用日益广泛。它没有内胎,空气被直接压入外胎中,因此,要求外胎和轮辋之间有很好的密封性。

无内胎轮胎在外观和结构上与有内胎轮胎近似,所不同的是无内胎轮胎的外胎内壁上附加了一层厚 2 ~3mm 的专门用来封气的橡胶密封层 1,见图 11-2,它是用硫化的方法黏附上去的。在密封层正对着胎面下面贴着一层用未硫化橡胶的特殊混合物制成的自黏层 2。当轮胎穿孔时,自黏层能自行将刺穿的孔黏合,故称为有自黏层的无内胎轮胎。

无内胎轮胎的优点是:轮胎穿孔时,压力不会急剧下降,能安全地继续行驶;无内胎轮胎不会因内外胎之间摩擦或卡住而引起损坏;气密性较好,可以直接通过轮辋散热,所以工作温度低,使用寿命长;结构简单,质量较小。

无内胎轮胎的缺点:途中修理较为困难。此外,自黏层只有在穿孔尺寸不大时方能黏合。天气炎热时自黏层可能软化而向下流动,从而破坏车轮平衡。因此,一般多采用无自黏层的无内胎轮胎。它的外胎内壁只有一层密封层,当轮胎穿孔后,由于其本身处于压缩状态而紧裹着穿刺物,故能长期不漏气;即使将穿刺物拔出,无内胎轮胎只有在轮胎爆破时才会失效。

三、活胎面轮胎

有些车辆装用了活胎面轮胎，如图 11-3 所示。

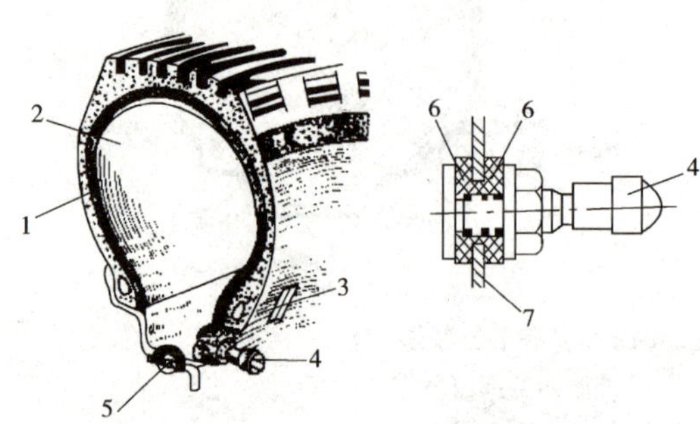

图 11-2　无内胎轮胎

1-橡胶密封层；2-自黏层；3-槽纹；4-气门嘴；5-铆钉；6-橡胶密封衬垫；7-轮辋

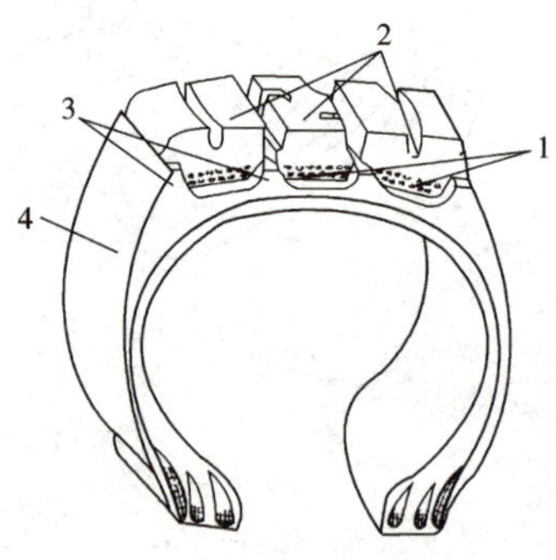

图 11-3　活胎面轮胎

1-钢丝纤维；2-胎面环；3-凸缘；4-胎体

活胎面轮胎的最大优点是在花纹严重磨损或磨光后，可以单独更换胎面；也可以根据不同使用条件更换不同花纹的胎面。其缺点是质量较大，使用中可能出现胎体和胎面环之间磨损、胎面环橡胶与钢丝体脱层。

第二节　汽车轮胎规格的表示方法

一、基本术语

1. 轮胎的主要尺寸

轮胎的主要尺寸（图 11-4）包括：轮胎断面宽度（B）、轮辋名义直径（d）、轮胎断面高度（H）、轮胎外直径（D）、负荷下静力半径和滚动半径等。

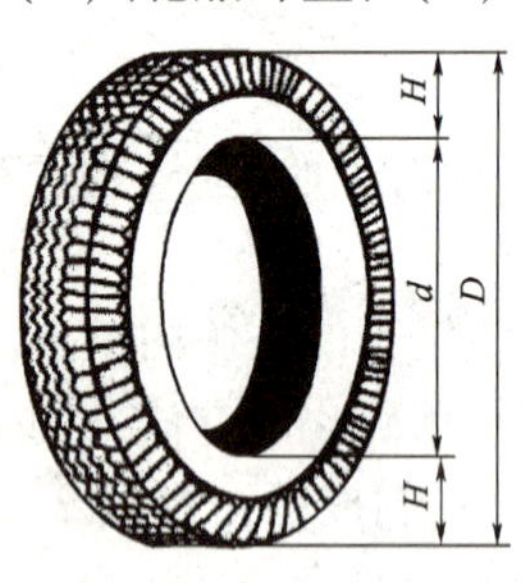

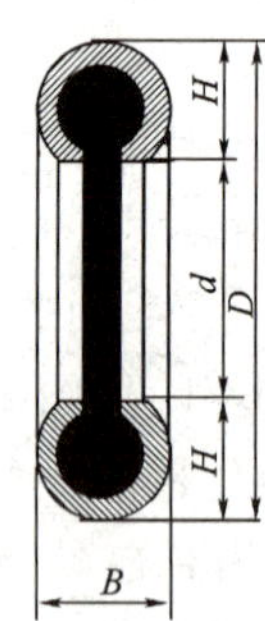

图 11-4　轮胎主要尺寸

（1）轮胎断面宽度是指轮胎按规定气压充气后，轮胎外侧面间的距离。

（2）轮辋名义直径是指轮辋规格中直径大小的代号，与轮胎规格中相对应的直径一致。

（3）轮胎断面高度是指轮胎按规定气压充气后，轮胎外直径与轮辋名义直径之差的一半。

（4）轮胎外直径是指轮胎按规定气压充气后，在无负荷状态下胎面最外表的直径。

（5）负荷下静力半径是指轮胎在静止状态下只承受法向负荷作用时，由轮轴中心到支承平面的垂直距离。

（6）轮胎滚动半径是指车轮旋转运动与平移运动的折算半径。滚动半径 r 按下式计算：

$$r = \frac{S}{2\pi n_w}$$

式中：S——车轮移动的距离；

n_w——车轮转过的圈数。

2. 轮胎的高宽比和轮胎系列

轮胎的高宽比是指轮胎的断面高度(H)与轮胎断面宽度(B)的比值，表示为 H/B。轮胎系列是用轮胎的高宽比乘以 100 来表示的，例如"80"系列、"75"系列其高宽比分别为 0.80和0.75。

3. 轮胎的层级

轮胎的层级是表示轮胎承载能力的相对指数，主要用于区别尺寸相同但结构和承载能力不同的轮胎。轮胎的层级数与轮胎帘布层的实际层数没有直接关系，就是说，轮胎的层级不代表轮胎帘布层的实际层数。轮胎层级常用 PR(PLY RATING)表示。

4. 轮胎最高速度和速度级别符号

轮胎最高速度是指在规定条件(路面级别、轮辋名义直径)下，持续行驶最长时间(为1h)内，允许使用的最高速度。将轮胎最高速度(km/h)分为若干级，用字母表示，叫做速度级别符号，目前有 25 个，表 11-1 仅摘录了一部分。不同轮辋名义直径的轿车轮胎最高速度见表 11-2。

轮胎速度级别符号与最高行驶速度(摘录) 表 11-1

轮胎速度级别序号	轮胎最高行驶速度(km/h)	轮胎速度级别符号	轮胎最高行驶速度(km/h)
L	120	R	170
M	130	S	180
N	140	T	190
P	150	U	200
Q	160	H	210

不同轮辋名义直径的轿车轮胎最高速度(摘录) 表 11-2

轮胎速度级别符号	轮胎最高行驶速度(km/h)		
	轮辋名义直径 10in(英寸)	轮辋名义直径 12in(英寸)	轮辋名义直径≥13in(英寸)
R	135	145	160
S	150	165	180
T	165	175	190
H		195	210

5. 轮胎负荷指数和轮胎负荷能力

轮胎负荷指数是指在规定条件(轮胎最高速度、最大充气压等)下，轮胎负荷能力的数字符号。轮胎负荷指数用 LI 表示，轮胎负荷能力用 TLCC 表示。轮胎负荷指数目前有 0 ~ 279 共 280 个，轮胎负荷指数和负荷能力有一定的对应关系。

二、轮胎规格及其表示方法

按照《载重汽车轮胎规格、尺寸、气压》(GB/T 2977—2008)和《轿车轮胎规格、尺寸、气压》(GB/T 2978—2008)规定，介绍汽车轮胎的规格代号及其表示方法。

1. 微型、轻型载重汽车轮胎

以下是微型、轻型载重汽车轮胎规格标志及使用说明示例。

例 1

4.50 – 12 ULT 4PR 67/65 G

7.50 R 16 LT 8PR 112/107 Q

31 × 10.50 R 15 LT 6PR 109 Q

- 速度符号
- 负荷指数（单胎 / 双胎）
- 层级
- LT 为轻型载重汽车轮胎标志；ULT 为重型载重汽车轮胎标志
- 轮辋名义直径（in）
- 结构代号（“–” 为斜 交结构代号，“R” 为子午线结构代号）
- 名义断面宽度（in）
- 名义外直径（in）

例 2

215 × 75 D 14 ST 95 Q

215 × 75 R 14 LT 104/101 Q

- 速度符号
- 负荷指数 (单胎 / 双胎)
- LT 为轻型载重汽车轮胎标志；ST 为特种挂车专用轮脂标志
- 轮辋名义直径（in）
- 结构代号（“D” 为斜交结构代号，“R” 为子午线结构代号）
- 名义断面宽度（in）
- 名义外直径（in）

2. 重型载重汽车轮胎

以下是重型载重汽车轮胎规格标志及使用说明示例。

例 1

9.00 – 20 14PR 141/139 G

9.00 R 20 14PR 141/139 J

11 – 22.5 14PR 144/139 G

8 R 22.5 10PR 124/122 G

8 – 14.5 MH 10PR 114 F

- 速度符号
- 负荷指数（单胎/双胎）
- 层级
- 房屋汽车轮胎标志
- 轮辋名义直径（in）
- 结构代号(“D” 为斜交结构代号，“R” 为子午线结构代号）
- 名义断面宽度（in）

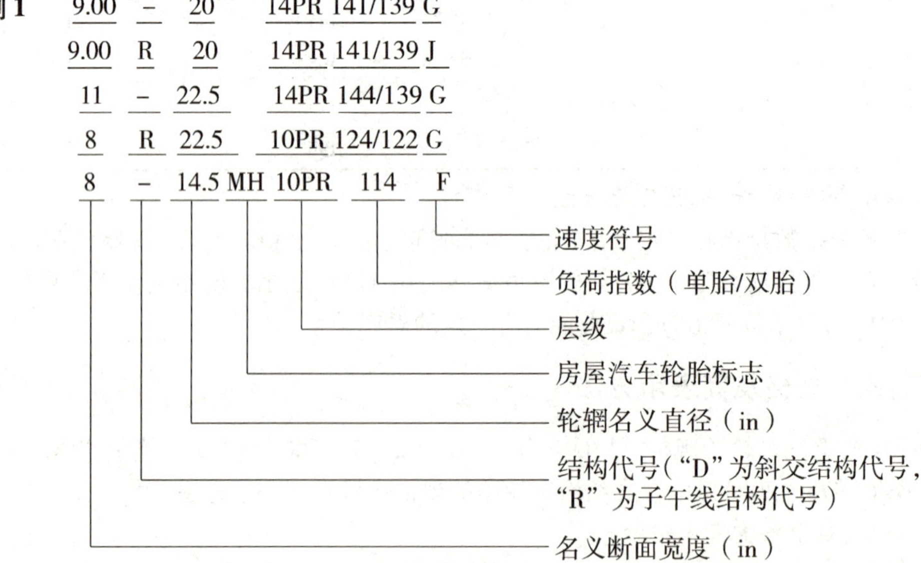

例 2

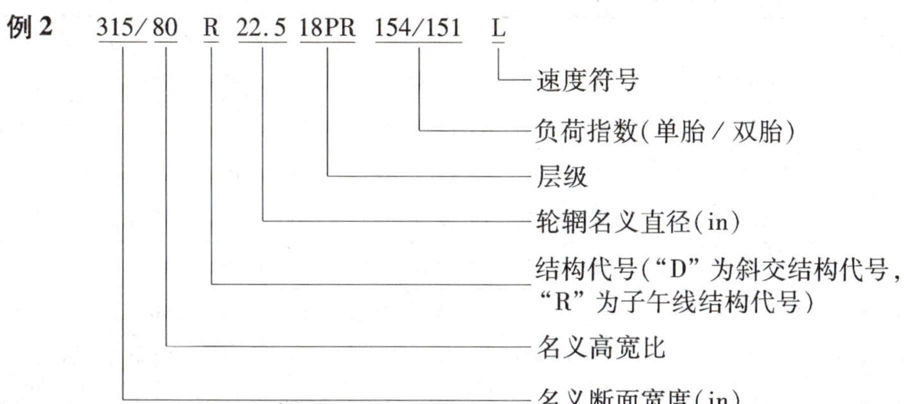

3. 轿车轮胎

例 1

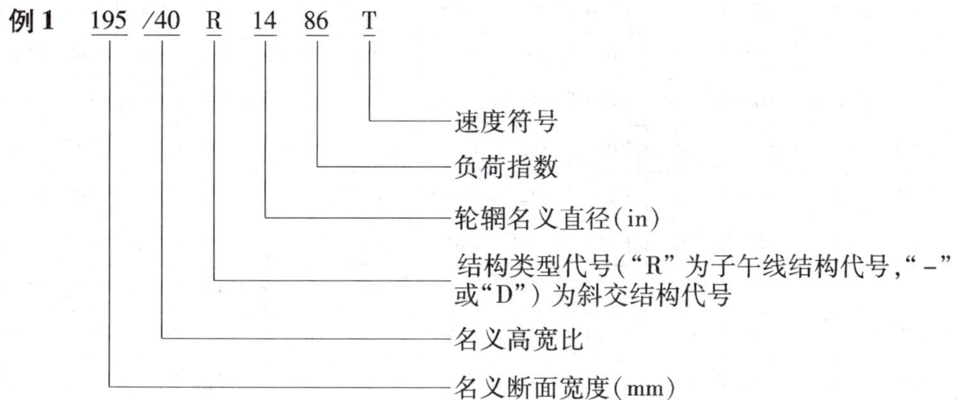

例 2

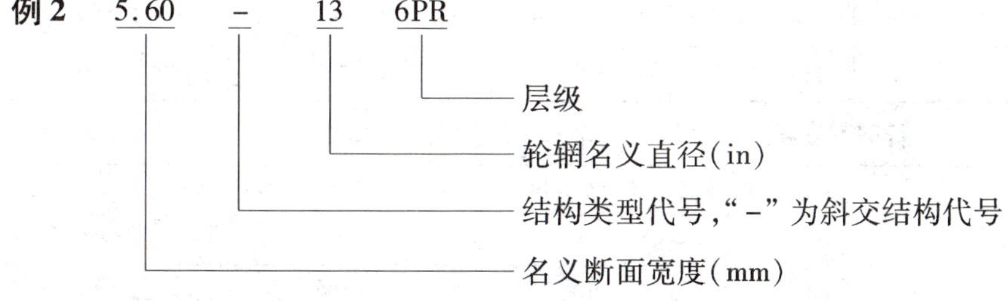

三、轮胎负荷指数与负荷能力的关系

汽车轮胎的负荷指数(LI)与负荷能力(TLCC)存在一定的对应关系。但是,随着汽车的行驶速度不同,汽车的负荷会产生一定变化,因此,其对应关系也会发生变化,这一点在选用轮胎时因给予考虑。汽车行驶速度在 210km/h 以下时,轮胎的负荷指数与负荷能力的对应关系见表 11-3。当行驶速度超过 210km/h 时,轮胎的负荷能力有所变化,见表 11-4。载货汽车行驶速度与轮胎负荷变化见表 11-5。

四、轮胎速度符号与最高行驶速度的关系

汽车轮胎速度符号与最高行驶速度的关系见表 11-6。

轮胎的负荷指数(LI)与负荷能力(TLCC)的关系 表 11-3

LI	TLCC (kg)	LI	TLCC (kg)	LI	TLCC (kg)	LI	TLCC (kg)	LI	TLCC (kg)	LI	TLCC (kg)	LI	TLCC (kg)
60	250	80	450	100	800	120	1 400	140	2 500	160	4 500	180	8 000
61	257	81	462	101	825	121	1 450	141	2 570	161	4 625	181	8 250
62	265	82	475	102	850	122	1 500	142	2 650	162	4 750	182	8 500
63	272	83	487	103	875	123	1 550	143	2 725	163	4 875	183	8 750
64	280	84	500	104	900	124	1 600	144	2 800	164	5 000	184	9 000
65	290	85	515	105	925	125	1 650	145	2 900	165	5 150	185	9 250
66	300	86	530	106	950	126	1 700	146	3 000	166	5 300	186	9 500
67	307	87	545	107	975	127	1 750	147	3 075	167	5 450	187	9 750
68	315	88	560	108	1 000	128	1 800	148	3 150	168	5 600	188	10 000
69	325	89	580	109	1 030	129	1 850	149	3 250	169	5 800	189	10 300
70	335	90	600	110	1 060	130	1 900	150	3 350	170	6 000	190	10 600
71	345	91	615	111	1 090	131	1 950	151	3 450	171	6 150	191	10 900
72	355	92	630	112	1 120	132	2 000	152	3 550	172	6 300	192	11 200
73	365	93	650	113	1 150	133	2 060	153	3 650	173	6 500	193	11 500
74	375	94	670	114	1 180	134	2 120	154	3 750	174	6 700	194	11 800
75	387	95	690	115	1 215	135	2 180	155	3 875	175	6 900	195	12 150
76	400	96	710	116	1 250	136	2 240	156	4 000	176	7 100	196	12 500
77	412	97	730	117	1 285	137	2 300	157	4 125	177	7 300	197	12 850
78	425	98	750	118	1 320	138	2 360	158	4 250	178	7 500	198	13 200
79	437	99	775	119	1 360	139	2 430	159	4 375	179	7 750	199	13 600

行驶速度超过 210km/h 时轿车轮胎的负荷能力变化率 表 11-4

行驶速度 (km/h)	不同速度符号的轿车轮胎基于不同行驶速度负荷能力变化率(%)			
	H	V	W	Y
210	100	100	100	100
220	—	97	100	100
230	—	94	100	100
240	—	91	100	100
250	—	—	95	100
260	—	—	90	100
270	—	—	85	100
280	—	—	—	95
290	—	—	—	90
300	—	—	—	85

载货汽车行驶速度与轮胎负荷变化对应表 表 11-5

行驶速度（km/h）	负荷变化率(%)			
	微型、轻型载重汽车轮胎		重型载重汽车轮胎	
	斜交轮胎	子午线轮胎	斜交轮胎	子午线轮胎
40	+15.0	+25.0	+12.5	+15.0
50	+12.5	+20.0	+10.0	+12.0
60	+10.0	+15.0	+7.5	+10.0
70	+7.5	+12.5	+5.0	+7.0
80	+5.0	+10.0	+2.5	+4.0
90	+2.5	+7.5	0	+2.0
100	0	+5.0	0	0
110	0	+2.5	0	0
≥120	0	0		

注：表中的负荷变化是相对于轮胎规格、尺寸、气压与负荷表中规定的负荷能力增加的。

轮胎速度符号与最高行驶速度的关系 表 11-6

速度符号	最高行驶速度（km/h）	速度符号	最高行驶速度（km/h）	速度符号	最高行驶速度（km/h）
B	50	K	110	S	180
C	60	L	120	T	190
D	65	M	130	U	200
E	70	N	140	H	210
F	80	P	150	V	240
G	90	Q	160	W	270
J	100	R	170	Y	300

第三节　汽车轮胎的合理使用

在汽车运输成本中，轮胎费用占 5% ~10%。由于轮胎的使用水平不同，轮胎的使用寿命相差很大，轮胎的状况还直接影响汽车的安全性和燃料经济性。为加强汽车轮胎的合理使用，国家发布了有关技术标准和行业规范，规定了轮胎的运输、储存、使用和维修的基本原则和具体技术要求。

一、轮胎的损坏

普通轮胎的使用性能是以利用压缩空气的性质和内外胎的弹性为基础的。汽车轮胎承受和传递汽车与路面的全部作用力，在各种外力作用下，产生复杂的变形。变形使橡胶分子间相互摩擦，导致轮胎温度升高，强度降低。轮胎的损坏，基本上就是力和热作用的结果。因此，研究轮胎工作情况，掌握轮胎变形规律，对延长轮胎使用寿命有重要意义。汽车轮胎损坏的主要形式有胎面磨损，帘线松散、折断，帘布脱层，胎面与胎体脱胶以及由上述结果引起的胎体破裂。

胎面磨损的原因是轮胎与路面间的相对滑移和摩擦。汽车行驶时,胎面除了承受来自地面的垂直反力外,还承受轮胎变形及车辆行驶时产生的切向力和横向反作用力,使得轮胎与地面的接触面间存在不同程度的整体或局部的相对滑移。接触面间摩擦力越大、胎面相对于路面的滑移量越大,胎面磨损就越严重。

帘线折断的原因是轮胎变形产生胎体内部拉伸、压缩应力,当应力超过帘线强度时,帘线就会折断。轮胎变形还使帘布层间产生剪应力,当此剪应力超过帘布与橡胶之间的吸附力时,就会出现帘线松散或局部帘布层脱层。

胎温对轮胎损坏有着重要影响。夏季炙热路面的烘烤,轮胎与路面间的摩擦,轮胎反复变形,材料内部因摩擦生热,内外胎间、轮胎与轮辋间的摩擦生热等,使轮胎的热量积聚,轮胎温度升高,将使轮胎材料的力学性能下降,从而加速了胎面磨损,并容易造成帘线松散、折断和帘布脱层,甚至引起胎体爆破等。

二、轮胎的使用与维护

轮胎合理使用的目的是降低轮胎的磨损速度,防止不正常的损坏,从而延长轮胎的使用寿命。

1. 轮胎的运输

运输轮胎时要根据轮胎的不同要求,科学、合理码放,以不影响轮胎使用性能为宜。轮胎不应与油类、易燃物、化学腐蚀品等混装,避免阳光照射和雨淋。

内胎、垫带不单独包装时,需放在外胎内并充以适量的空气,使其与外胎内腔相接触,垫带覆盖在内胎与外胎胎圈内壁之间,用绳捆绑 2 处以上,或加以外包装。绳索不得损坏外胎胎圈。

搬运轮胎时必须使用绳索、吊钩或吊叉直接提吊轮胎,应使用宽度不小于 150mm 的非金属宽幅带,以免损坏胎圈,见图 11-5。

使用叉车搬运轮胎时,宜使用抱胎方式的专用叉车,或从轮胎侧面托起,不应用货叉叉入轮胎中心提升,见图 11-6。

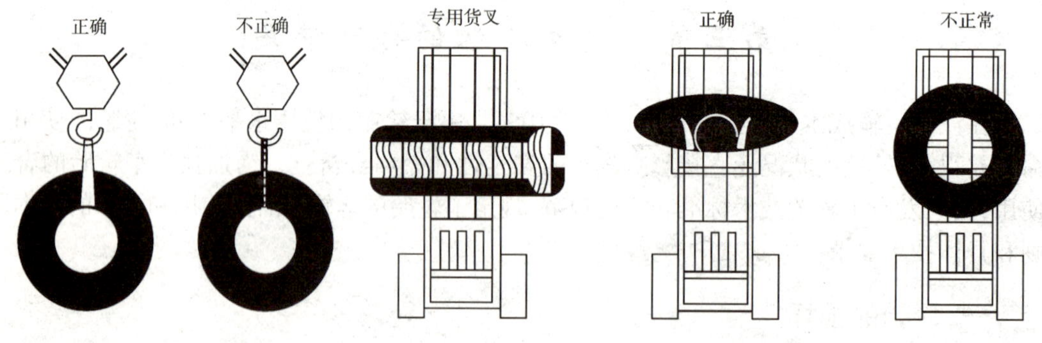

图 11-5　轮胎的搬运　　图 11-6　用叉车搬运轮胎

2. 轮胎的储存

轮胎应在通风、清洁的库房内存放。室温 -10 ~ +30℃、相对湿度 50% ~80% 为宜。库房内避免阳光直接照射。

库房内不应使用可产生臭氧的设备装置。

不应将轮胎与油类、酸类、易燃品及化学腐蚀品存放在一起,或与这些物品接触。

轮胎应远离热源，避免烘烤轮胎。

轮胎在储存中，应有库存卡片，记录轮胎类型、规格、结构、层级、厂牌、生产日期和入库时间，并按生产时间和入库时间分批、分类储存，按先进先出顺序使用。

1）外胎储存要求

为减少轮胎变形，存放轮胎时应离地 10 cm 垂直放在成排托架上，不允许挤压轮胎。

短期 30d 内存放，轮胎也可以平放在地上，叠放高度以不影响轮胎使用性能为宜，见图 11-7。

图 11-7　轮胎叠放

2）内胎、垫带储存要求

内胎、垫带放在外胎内存放时，内胎表面应涂抹适量的滑石粉。放在外胎内并充适量的空气，将垫带覆盖在内胎与外胎胎圈内壁之间，用包装袋或绳捆绑包装，与外胎一起存放。

内胎短期单独存放时，在表面涂抹滑石粉，不允许折叠堆置，应展平放置于架子或地面上，且叠放高度不宜超过 50 cm，避免刺伤、划伤和气门嘴压坏内胎表面，也可挂在半圆形的托架上，每两个月转动一次支点。

垫带单独存放应水平放在架子上或套在圆木架上储存，且要防止灰尘、油脂和湿气侵蚀。

3. 轮胎的选择、装配和拆卸

1）一般要求

（1）车辆使用的轮胎应与车辆出厂时的原配胎为相同或为等效规格。

（2）车辆使用轮胎的花纹类型，可根据车辆使用条件，前轴、后轴使用要求选择，包括普通花纹、牵引花纹、加深花纹等。

（3）同轴应选择同一品牌、规格、结构、使用类型的轮胎，且要求轮胎磨耗程度接近相同，以保证外直径相同。

（4）装配定向花纹轮胎时，应使轮胎的旋转方向标志与车辆行驶方向一致。

（5）换装新胎时，应尽量做到整车或同轴同换。

（6）轮胎应安装在符合规定的轮辋上，不允许使用变形、裂纹、磨损、焊缝不平、尺寸超差的轮辋。

（7）斜交轮胎与子午线轮胎、无内胎轮胎与有内胎轮胎不得同车混装。

（8）轮胎安装前应对外胎、垫带、内胎、轮辋进行全面检查，保证各部件表面清洁、无杂物，并使用中性皂液或专用润滑剂涂抹胎圈底部和轮辋圈座等接触部位，但不应使用如润滑脂类等影响轮胎质量的润滑剂。

（9）轮胎的装配和拆卸应由经过培训的专门人员进行。

（10）轮胎充气时，应采用慢速充气，缓慢逐渐提高气压，避免气压突然升高损坏轮胎及轮惘，以致造成人身事故。

（11）拆卸前，轮胎内的空气要排净，以保证拆卸人员的安全。

2）有内胎轮胎的装卸

（1）有内胎轮胎的拆装应使用专用工具或器械。

（2）当装用有内胎轮胎时，应使用新的内胎和垫带。

(3)内胎装入外胎时,应在外胎的内壁和内胎表面涂抹滑石粉,以便于内胎的伸展。垫带应平滑地覆盖在内胎与外胎止口内壁之间,内胎气门嘴应放置在轮胎气门嘴孔内并放正,不得折弯或反方向拧气门嘴。

(4)将轮胎安装在轮辋上,并将挡圈、锁圈安装到位后,用橡皮锤周向轻敲轮辋、挡圈、锁圈,使轮胎胎圈正确落在轮辋内。

(5)轮胎胎圈、轮辋、挡圈、锁圈正确就位后,慢速向内胎充气,并轻敲以上部位。严禁快速充气,避免锁圈弹出伤人。

(6)轮胎装卸应用专用工具在安装处施压,使轮胎胎圈脱离轮辋,再取下锁圈和挡圈,卸下轮胎。

3)无内胎轮胎的装卸

(1) 无内胎轮胎的装卸应使用胎圈脱卸器或轮胎拆装机,不应硬撬、硬砸,以免损坏胎里及胎圈的密封层。

(2)装胎时,将轮胎与轮辋结合面及轮胎胎圈座和O形圈沟槽部分的铁锈和其他杂质除掉。

(3)凡拆装有O形圈轮辋的轮胎,则需换上新的O形圈。安装轮胎前要检查O形圈是否有缺陷,并涂上润滑剂。

(4)更换无内胎轮胎时,应使用新的无内胎气门嘴。

(5)无内胎轮胎与轮辋为过盈配合,装配充气时应保证胎圈与轮辋紧密且正确就位。

(6)轮胎充气后应检查气门嘴、气门芯、轮辋与轮胎接触部及O形圈处是否漏气。

4)压配式实心轮胎、充气轮胎轮辋、实心轮胎的装卸

(1)压配式实心轮胎、充气轮胎轮辋、实心轮胎的装卸只能由具备必要装备的专业人员进行,非专业人员装卸可能导致人员伤害及对轮胎和车轮造成隐蔽的损伤。

(2)为避免轮胎胎圈底座损伤,应将轮胎同心地安装在轮辋上并与轴平行。

(3)只允许使用轮胎制造商推荐的轮辋。

4. 轮胎的使用

轮胎使用的基本要求有:

(1)保持气压正常。轮胎充气压力是决定轮胎使用寿命和工作好坏的主要因素。气压过低时,胎体变形较大,造成内应力增加;胎面与地面接触面积增大,摩擦作用使胎体温度升高,磨损加剧,特别是胎肩的磨损加剧;滚动阻力增大,燃料消耗增加;双胎中一胎气压过低还会使另一胎超载损坏。气压过高时,使胎冠部分磨损加剧,动载荷增大,易产生胎冠爆破。

适宜气压与轮胎的使用条件有关,应根据轮胎所受的负荷、轮胎的安装位置和轮胎的类型,选择和保持适宜气压。

各种汽车轮胎都有规定的气压。在使用中应严格按照规定的轮胎气压充气。在使用中一周内轮胎气压下降10~30kPa,如气门嘴有故障,轮胎气压降低更多。因此,必须经常检查。

(2)防止轮胎超载。轮胎负荷对寿命有重大影响。超载行驶时,轮胎变形增大,帘布和帘线应力增大,容易造成帘线折断、松散和帘布脱层;同时,因为接地面积增大,增加胎肩的磨损,尤其在遇到障碍物时,由于受到冲击,会引起爆破。注意货物装载平衡,防止车辆行驶时发生货物移动及倾斜。

(3)掌握车速,控制胎温。坚持中速行驶,胎体温度不得超过100℃。夏季行驶应增加

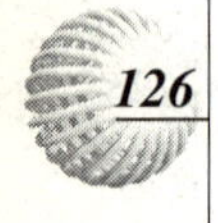

停歇次数，如轮胎发热或内压增高，应停车休息散热。严禁放气降低轮胎气压，也不要泼冷水。

(4)合理搭配轮胎。轮胎必须装在规定规格的轮辋上；同一车轴应装配相同规格、花纹和层级的轮胎；普通斜交轮胎与子午线轮胎在同车上不能混用；轮胎花纹应根据道路条件选择，装配有向花纹轮胎时，花纹“人”字尖端的指向要与汽车前进时轮胎旋转方向一致；换装轮胎时，应尽量做到整车同轴同换；为确保行车安全，翻新轮胎不能装在转向轮上；汽车所使用的轮胎应与最大设计车速相适应。

(5)精心驾驶车辆。轮胎的使用寿命与汽车驾驶方法密切相关。例如起步过猛、紧急制动、转弯过急和碰撞障碍物等，会加速轮胎的损坏。因此，汽车驾驶员在车辆运行过程中，应正确、合理操纵车辆，尽量避免突然加速和减速，避免持续高速行驶等，以降低轮胎的磨损，提高轮胎的使用寿命。正确的驾驶操作要领是：起步平稳，加速均匀，中速行驶，减低轮胎磨损；选择路面，减少对胎体的冲击；减速转向，避免侧向滑移；少用制动等。

(6)做好维护工作。对轮胎的维护应与整车维护一样，贯彻预防为主，强制维护的原则。轮胎维护分日常维护、一级维护和二级维护。维护周期按汽车规定的维护周期执行。

日常维护包括出车前、行车中和收车后的检视。主要是检视轮胎气压是否符合规定，检查轮胎螺母有无松动，检查有无不正常的磨损和损伤，清理轮胎夹石并及时消除造成不正常磨损和损伤的因素。

轮胎结合车辆的一级维护，主要检查轮胎气压、胎面磨耗情况，清除并装轮胎之间、花纹沟内夹石和杂物，以免刺伤轮胎。同时，检查轮胎有无装配不当，轮辋、挡圈、锁环是否正常。

轮胎结合车辆的二级维护，主要检查外胎有无划伤、变形、裂口、脱层、老化；内胎有无老化、损伤现象；垫带有无开裂等。发现问题做好记录，并及时处理。按 GB/T 521 测量胎面花纹磨损及外周长、断面宽的变化。做好记录，并进行轮胎换位。

轿车子午线轮胎按每行驶 12 000 ~ 15 000km 进行一次换位并检测平衡。

轿车斜交轮胎按每行驶 8 000 ~ 10 000km 进行一次换位并检测平衡。换位方法见图 11-8。

载重汽车子午线轮胎按每行驶 12 000 ~ 15 000km 进行一次换位并检测平衡。

载重汽车斜交轮胎按每行驶 8 000 ~ 10 000km 进行一次换位并检测平衡。换位方法见图 11-9。

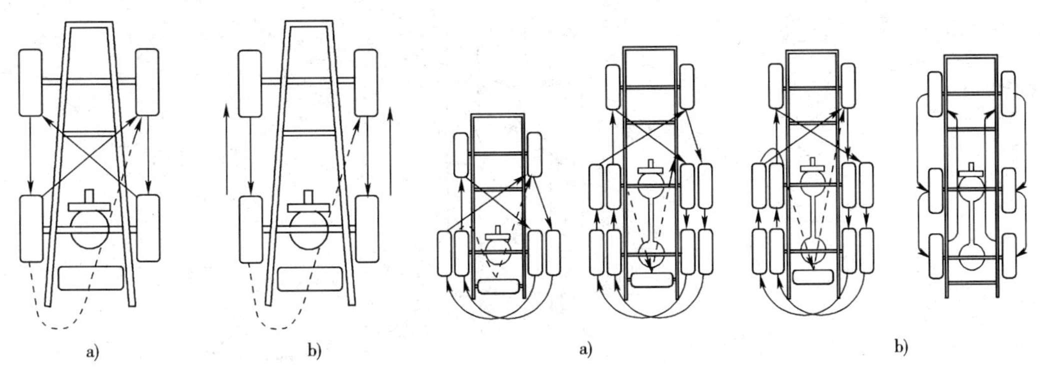

图 11-8 轿车轮胎换位方法
a)无向胎面花纹；b)定向胎面花纹

图 11-9 载重汽车轮胎换位方法图
a)无向胎面花纹；b)定向胎面花纹

重型自卸车轮胎应结合车辆二级维护进行交叉换位。

名义断面宽度为 18.00 ~ 36.00 的工程机械轮胎，当前轮轮胎花纹深度磨去 1/3 时，应换到后轮；当后轮同轴双胎并装轮胎外直径差值在 10 ~ 18mm 时，应将双胎里外侧轮胎相互换位。

各种汽车轮胎换位方法见图 11-10 ~ 图 11-17。

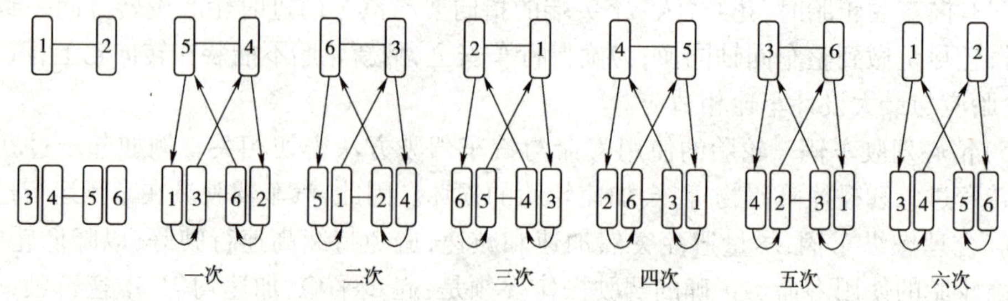

图 11-10　六车轮二桥混合换位方法

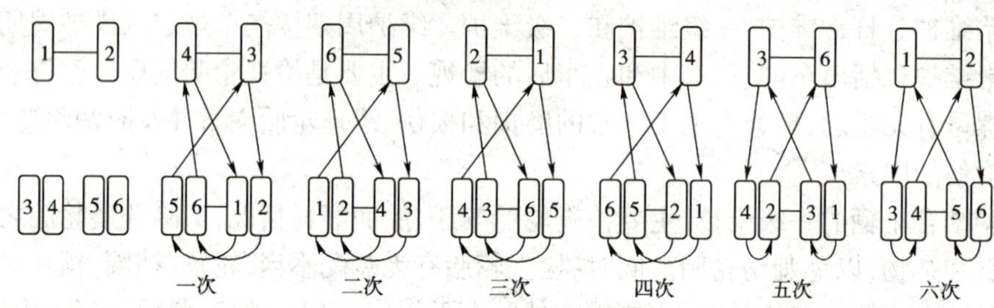

图 11-11　六车轮二桥循环换位方法

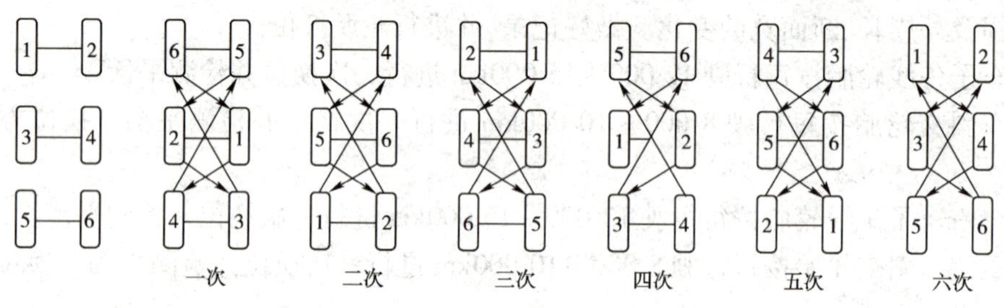

图 11-12　六车轮三桥交叉换位方法

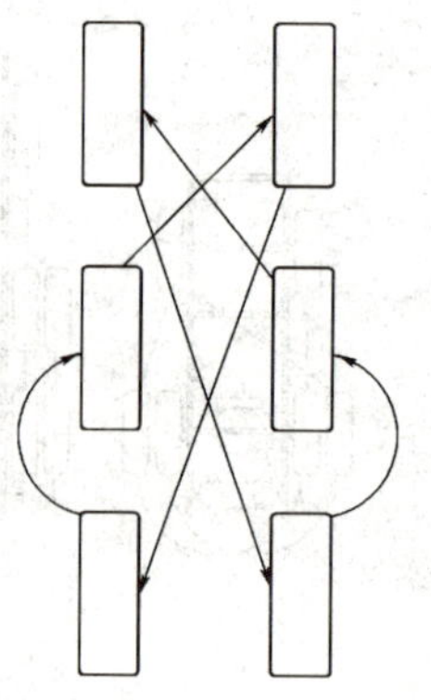

图 11-13　六车轮三桥混合换位方法

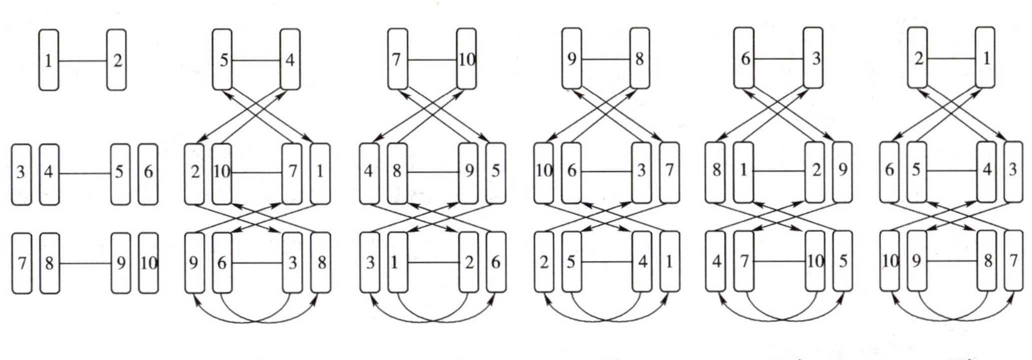

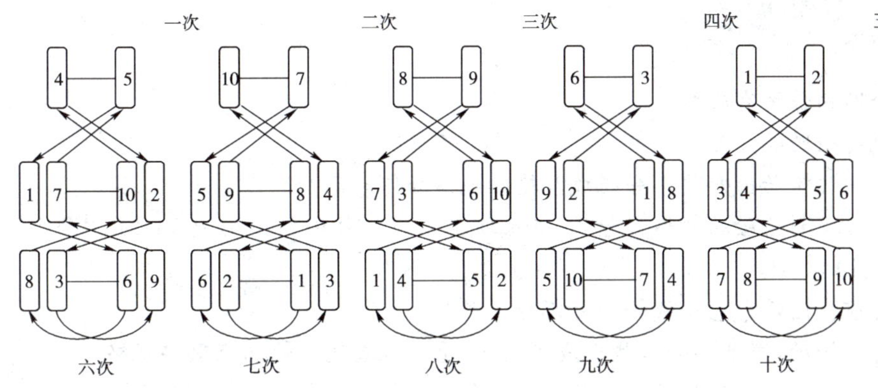

图 11-14　十轮三桥交叉换位法

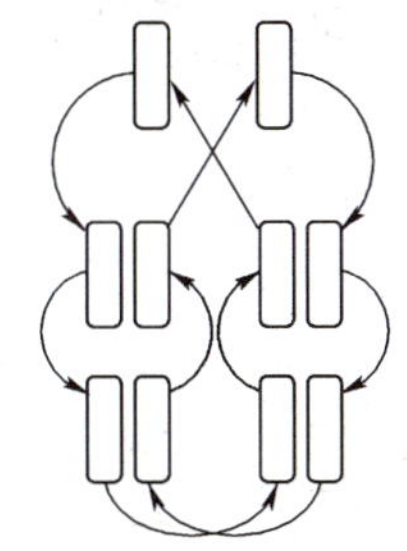

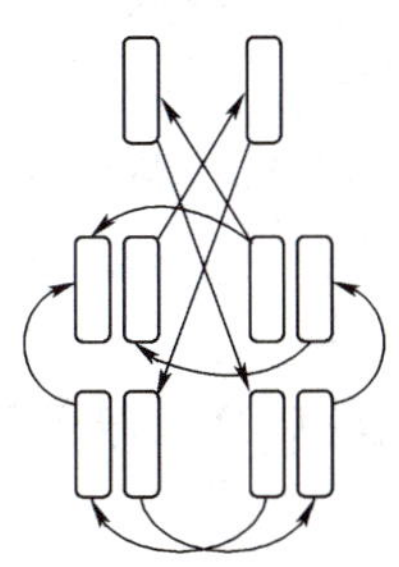

图 11-15　十轮三桥混合换位法

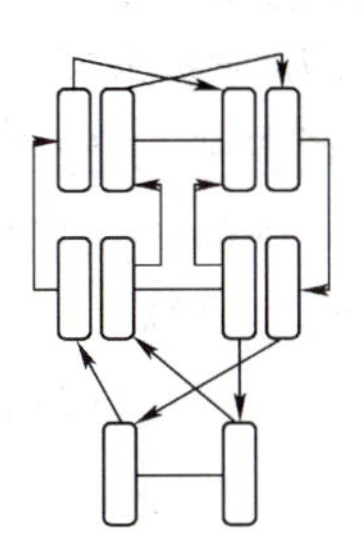

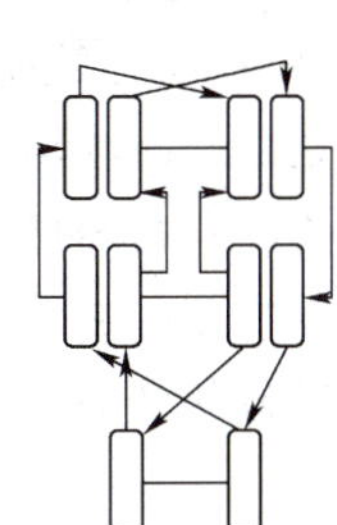

图 11-16　十轮三桥循环换位法

进行轮胎换位应注意：

①轮胎换位方法选定后，不再变动；

②对有方向性花纹的轮胎，换位后不能改变旋转方向；

③轮胎换位后，应按规定重新调整轮胎气压。

轮胎翻新是将胎面花纹磨耗超限，而胎体尚好的轮胎进行翻新。我国《载重汽车翻新轮胎》（GB 7037—2007）和《轿车翻新轮胎》（GB 14646—2007）两个标准，分别对载重汽车轮胎和轿车轮胎的翻新质量作了规定。

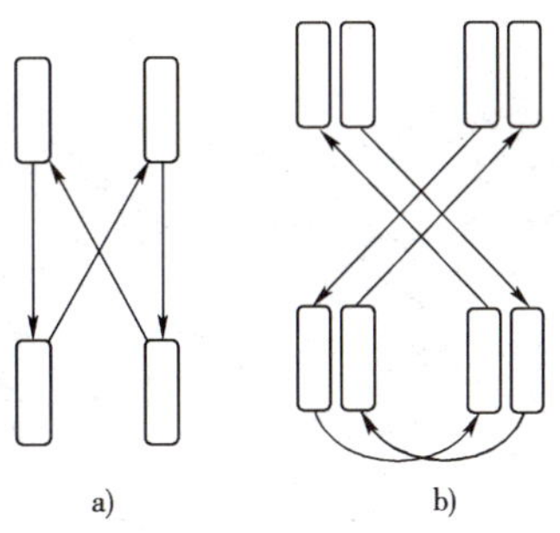

图 11-17　挂车轮胎换位法
a）单轮；b）双轮

（7）保持汽车技术状况良好。从延长轮胎使用寿命的角度出发，汽车维护中要特别注意下列作业：

①前轮前束和外倾角应符合标准；

②行车制动器调整良好，不拖滞；

③轮毂轴承的间隙调整适当；

④轮胎螺母紧固,车轮应平衡;

⑤钢板弹簧的挠度应尽量一致,前后轴平行;

⑥轮毂油封和液压制动轮缸无漏油现象;

⑦车轮总成的横向摆动量和径向跳动量应符合《机动车运行安全技术条件》(GB 7258—2004)的要求,对车轮总成的横向摆动量和径向跳动量要求是:总质量不大于3 500kg的汽车不应大于5mm;摩托车及轻便摩托车不应大于3mm;其他机动车不应大于8mm。

1. 轮胎的作用有哪些?

2. 试述轮胎的分类。

3. 有内胎轮胎由哪些部分组成?轮胎规格如何表示?

4. 解释下列轮胎的规格代号:9.00R20;4.50-12 ULT;210/70 R 14 LT;P 205/75 R 15;195/60 R 14 86 H。

5. 目前我国轿车子午线轮胎有哪些系列?

6. 轿车轮胎、微型和轻型载重汽车轮胎、重型载重汽车轮胎有哪些规格?如何表示?

7. 何谓轮胎的负荷指数和负荷能力?负荷指数与负荷能力有何关系?

8. 汽车行驶速度与轮胎负荷能力有什么关系?行驶速度变化时,轮胎负荷怎样变化?

9. 轮胎的最高行驶速度如何表示?

10. 常见轮胎的损坏形式有哪几种?应如何对轮胎进行维护?

11. 延长汽车轮胎使用寿命的措施有哪些?

12. 装卸轮胎时应注意哪些事项?

13. 简述为什么要对汽车轮胎进行换位,轮胎换位都有哪些方法。

参考文献

[1] 孙凤英,强添纲.汽车运行材料[M].北京:人民交通出版社,2007

[2] 郎全栋.汽车运行材料[M].北京:人民交通出版社,2009

[3] 邵毅明.汽车新能源与节能技术[M].北京:人民交通出版社,2008

[4] 中华人民共和国国家标准.GB/T 6536—2010 石油产品常压蒸馏特性测定法[S].北京:中国标准出版社,2010

[5] 中华人民共和国国家标准.GB/T 255—1977 石油产品蒸馏测定法[S].北京:中国标准出版社,1977

[6] 中华人民共和国国家标准.GB 17930—2011 车用汽油[S].北京:中国标准出版社,2011

[7] 中华人民共和国国家标准.GB 18351－2010 车用乙醇汽油(E10)[S].北京:中国标准出版社,2010

[8] 中华人民共和国国家标准.GB/T 511—2010 石油和石油产品添加剂机械杂质测定法(重量法)[S].北京:中国标准出版社,2010

[9] 中华人民共和国国家标准.GB/T 8019—2008 燃料胶质含量的测定(喷射蒸发法)[S].北京:中国标准出版社,2008

[10] 中华人民共和国国家标准.GB/T 8018—1987 汽油氧化安定性测定法(诱导期法)[S].北京:中国标准出版社,1987

[11] 中华人民共和国国家标准.GB/T 256—1990 汽油诱导期测定法[S].北京:中国标准出版社,1990

[12] 中华人民共和国国家标准.GB/T 259—1988 石油产品水溶性酸及碱测定法[S].北京:中国标准出版社,1988

[13] 中国石油化工行业标准.SH/T 0116—1992 含乙基液汽油酸度测定法[S].北京:中国标准出版社,1992

[14] 中华人民共和国国家标准.GB/T 258—1977 汽油、煤油、柴油酸度测定法[S].北京:中国标准出版社,1977

[15] 中华人民共和国国家标准.GB/T 380—1988 石油产品硫含量测定法(燃灯法)[S].北京:中国标准出版社,1988

[16] 中华人民共和国国家标准.GB/T 5096—1991 石油产品铜片腐蚀试验法[S].北京:中国标准出版社,1991

[17] 中国石油化工行业标准.SH/T 0174—1992 芳烃和轻质石油产品硫醇定性试验法(博士试验法)[S].北京:中国标准出版社,1992

[18] 中华人民共和国国家标准.GB/T 260—1988 石油产品水分测定法[S].北京:中国标准出版社,1988

[19] 陈家瑞,等.汽车构造(下册)[M].北京:人民交通出版社,2006

[20] 孙凤英,阎春利.汽车性能[S].哈尔滨:东北林业大学出版社,2008

[21] 中华人民共和国国家标准. GB/T 8017—1987 石油产品蒸气压测定法(雷德法)[S]. 北京:中国标准出版社,1987
[22] 中华人民共和国国家标准. GB/T 257—1982 发动机燃料饱和蒸气压测定法(雷德法)[S]. 北京:中国标准出版社,1982
[23] 中华人民共和国国家标准. GB/T 503—1996 汽油辛烷值测定法(马达法)[S]. 北京:中国标准出版社,1996
[24] 中华人民共和国国家标准. GB/T 5487—1995 汽油辛烷值测定法(研究法)[S]. 北京:中国标准出版社,1995
[25] 中华人民共和国国家标准. GB/T 261—2008 闪点测定(宾斯基-马丁闭口杯法)[S]. 北京:中国标准出版社,2008
[26] 中华人民共和国国家标准. GB/T 1884—2000 原油和液体石油产品密度试验室测定法(密度计法)[S]. 北京:中国标准出版社,2000
[27] 中华人民共和国国家标准. GB/T 386—2010 柴油十六烷值测定法(同期闪火法)[S]. 北京:中国标准出版社,2010
[28] 中国石油化工行业标准. SH/T 0234—1992 轻质石油产品碘值和不饱和烃含量测定法(碘乙醇法)[S]. 北京:中国标准出版社,1992
[29] 中华人民共和国国家标准. GB/T 6540—1991 石油产品颜色测定法[S]. 北京:中国标准出版社,1991
[30] 中国石油化工行业标准. SH/T 0175—2004 馏分燃料油氧化安定性测定法(加速法)[S]. 北京:中国标准出版社,2004
[31] 中华人民共和国国家标准. GB/T 268—1987 石油产品残炭测定法(康氏法)[S]. 北京:中国标准出版社,1987
[32] 中华人民共和国国家标准. GB 252—2011 普通柴油[S]. 北京:中国标准出版社,2011
[33] 中华人民共和国国家标准. GB/T 25199—2010 生物柴油调和燃料(B5)[S]. 北京:中国标准出版社,2010
[34] 中华人民共和国国家标准. GB/T 11121—2006 汽油机油[S]. 北京:中国标准出版社,2006
[35] 中华人民共和国国家标准. GB/T 11122—2006 柴油机油[S]. 北京:中国标准出版社,2006
[36] 中国交通行业标准. JT 225—1996 汽车发动机冷却液安全使用技术条件[S]. 北京:人民交通出版社,1996
[37] 张康征. 汽车用防冻液[M]. 北京:人民交通出版社,2003
[38] 中华人民共和国国家标准. GB/T 7631. 3—1995 内燃机油分类[S]. 北京:中国标准出版社,1996
[39] 中华人民共和国国家标准. GB/T 6538—2010 发动机油表观黏度的测定(冷启动模拟机法)[S]. 北京:中国标准出版社,2010
[40] 中华人民共和国国家标准. GBT 11143—2008 加抑制剂矿物油在水存在下防锈性能试验法[S]. 北京:中国标准出版社,2008
[41] 中华人民共和国国家标准. GB/T 8028—2010 汽油机油换油指标[S]. 北京:中国标

准出版社,2010
[42] 中华人民共和国国家标准. GB/T 7607—2010 柴油机油换油指标[S]. 北京:中国标准出版社,2010
[43] 中华人民共和国国家标准. GB/T 7631. 8—1990 润滑剂和有关产品(L类)的分类第8部分:x组(润滑脂)[S]. 北京:中国标准出版社,1991
[44] 中华人民共和国国家标准. GB/T 11144—2007 润滑液极压性能测定法(梯姆肯法)[S]. 北京,中国标准出版社,2007
[45] 中华人民共和国交通行业标准. JT/T 224—2008 中负荷车辆齿轮油[S]. 北京:中国标准出版社,2008
[46] 中华人民共和国国家标准. GB 13895—1992 重负荷车辆齿轮油(GL-5)[S]. 北京:中国标准出版社,1993
[47] 中华人民共和国石油化工行业标准. SH/T 0030—1990 车辆齿轮油成沟点测定法[S]. 北京:中国标准出版社,1990
[48] 中华人民共和国石油化工行业标准. GB/T 491—2008 钙基润滑脂[S]. 北京:中国标准出版社,2008
[49] 中华人民共和国国家标准. GBT 7324—2010 通用锂基润滑脂[S]. 北京:中国标准出版社,2010
[50] 中华人民共和国国家标准. GBT 7326—1987 润滑脂铜片腐蚀试验法[S]. 北京:中国标准出版社,1987
[51] 中华人民共和国国家标准. GB 12981—2003 机动车辆制动液[S]. 北京:中国标准出版社,2003
[52] 中华人民共和国石油化工行业标准. NB/SH/T 0521—2010 乙二醇型和丙二醇型发动机冷却液[S]. 北京:中国标准出版社,2010
[53] 中华人民共和国国家标准. GB/T 2933—2009 充气轮胎用车轮和轮辋的术语、规格代号和标志[S]. 北京:中国标准出版社,2009
[54] 中华人民共和国国家标准. GB/T2978—2008 轿车轮胎规格、尺寸、气压与负荷[S]. 北京:中国标准出版社,2008
[55] 中华人民共和国国家标准. GB/T 2977—2008 载重汽车轮胎规格、尺寸、气压与负荷[S]. 北京:中国标准出版社,2008
[56] 中华人民共和国国家标准. GBT 9768—2008 轮胎使用与保养规程[S]. 北京:中国标准出版社,2008
[57] 中华人民共和国国家标准. GB 14646—2007 轿车翻新轮胎[S]. 北京:中国标准出版社,2007
[58] 中华人民共和国国家标准. GB 7037—2007 载重汽车翻新轮胎[S]. 北京:中国标准出版社,2007
[59] 中华人民共和国国家标准. GB/T 7304—2000 石油产品和润滑剂酸值测定法(电位滴定法)[S]. 北京:中国标准出版社,2000
[60] 戴汝泉. 汽车运行材料[M]. 北京:机械工业出版社,2011